SIMPLIFICA TU VIDA

ELAINE ST. JAMES

SIMPLIFICA TU VIDA

RBA integral

Simplifica tu vida

Título original: *Simplify your life*
Traducción del inglés: Úa Matthíasdóttir
Adaptación y revisiones: Jordi Bigues, Maria Jesús Trasobares
Diseño de cubierta: Opalworks
Maquetación: Pacmer, S. A.
Edición: Silvia Senz

Primera edición: septiembre 2002

c/ Pérez Galdós, 36 - 08012 Barcelona
www.rbalibros.com
rba-libros@rba.es

ISBN: 84-7871-213-5
Ref. IS-148
Depósito legal: B. 36.568-2004
Impreso por Printer I.G.S.A.

Para Wolcott Gibbs, Jr.

Y para Michelle y Bill, Jessie y Megan,
y Lisa y Eric

AGRADECIMIENTOS

Me gustaría dar las gracias a Marcia Burtt, Dave Sowle, Marisa Kennedy Miller, Jackie Powers, Judy Babcock, Phil Babcock, Jim Cummings, Meg Torbert, Linda Miller, Albert Chiang e Ira Weinstein por su apoyo y por darme ánimos para escribir este libro. Me gustaría dar las gracias a Felix Fusco, Sue Pettengill, Cyndy Van der Poel, Hope Kores, Kathy McDonough, Beverly Brennan, a mi madre, Dorothy Kennedy, y a mi tía preferida Kathleen Schiffler por estar siempre disponible. También me gustaría expresar mi agradecimiento a Sam Vaughan por sus consejos y su inspiración y por ponerme en contacto con mi maravilloso agente, Jane Dystel. Y, sobre todo, me gustaría dar las gracias a mi marido, Wolcott Gibbs, Jr., por todo.

ÍNDICE

Dos: el estilo de vida

Tres: las finanzas

CUATRO: EL TRABAJO

CINCO: LA SALUD

SEIS: LA VIDA PERSONAL

INTRODUCCIÓN

Haz que el barco de tu vida sea ligero, cargado sólo con lo que necesitas: una casa familiar, placeres sencillos, uno o dos amigos que merezcan tal nombre, alguien a quien querer y que te quiera, un gato, un perro, y una pipa o dos, suficiente comida y el abrigo necesario, y un poco más de la bebida que precisas, porque la sed es una cosa peligrosa.

JEROME KLAPKA

Hace varios años me encontraba sentada ante mi escritorio, mirando ociosamente la agenda diaria, que consistía en un Sistema de Gestión de Tiempo con centenares de apartados.

Mi cartera estaba a punto de reventar de tantas listas de «cosas por hacer», números de teléfono, organizadores del tiempo, optimizadores de reuniones, estabilizadores de objetivos, gráficos de eficacia de alta tecnología y organizadores a largo plazo programados para varios años vista. De pronto me di cuenta de que no quería que mi vida alcanzase ese grado de complicación.

Inmediatamente cogí el teléfono y reservé un largo fin de semana en un refugio. Dejé el Sistema de Gestión de Tiempo en casa, pero me llevé un cuaderno de notas. Tenía que pensar largo y tendido.

Como tantas otras personas de nuestra generación, mi marido Gibbs y yo nos habíamos tomado al pie de la letra los lemas de los ochenta que rezaban: «Mejor cuanto más grande», y «Más es mejor». Teníamos una casa grande, un coche grande, y muchas de las comodidades y los «juguetes» del típico estilo de vida de los *yuppies*.

Entonces, empezamos a darnos cuenta de que, en lugar de aportar algo a nuestras vidas, muchas de esas cosas las complicaban más allá de lo admisible. Siempre habíamos sabido que no valía la pena competir con el vecino, pero finalmente tuvimos que enfrentarnos al hecho de que lo único que habíamos conseguido, en nuestro atracón de poder, era una indigestión.

Durante los días que permanecí sola en el silencio y la paz del refugio, elaboré una relación de las cosas que podíamos hacer para mejorar la calidad de nuestras vidas, a la par que disminuir su complejidad. Cuando volví a casa me reuní con Gibbs y repasamos juntos la lista. Afortunadamente, estuvo de acuerdo con todos los cambios importantes y la mayor parte de los cambios menores.

Lo primero que decidimos fue deshacernos de todas las cosas que ya no utilizábamos (→ consejo 1). Dimos un paso de gigante y nos trasladamos a la otra punta del país para poder trabajar donde queríamos vivir (→ consejo 51), y hacer lo que realmente queríamos hacer (→ consejo 52). Durante este proceso nos mudamos a una casa más pequeña (→ consejo 19).

A lo largo de los años siguientes, cambiamos nuestros hábitos alimentarios (→ consejo 57), vendimos el maldito y engorroso barco (→ consejo 21), nos replanteamos nuestros hábitos de compra (→ consejo 40), y redujimos de manera drástica nuestras necesidades de bienes y servicios (→ consejo 42). Paso a paso pusimos en práctica la mayor parte de las ideas que se describen en este libro.

Cuando emprendimos nuestro programa de simplificación teníamos tres objetivos en mente. Primero, queríamos que nuestras posesiones materiales fueran lo bastante reducidas, en tamaño y número, y lo bastante sencillas como para encargarnos fácilmente de ellas nosotros mismos.

Segundo, queríamos librarnos de los compromisos y de las obligaciones que nos impedían tener tiempo para hacer lo que realmente queríamos hacer. Desde el principio, tomamos la decisión de dejar de hacer las cosas que siempre habíamos hecho porque nos sentíamos forzados a ello. Esto no sólo aumentó el tiempo disponible para dedicarlo a nosotros mismos, sino que redujo considerablemente el estrés que provoca hacer cosas que, en realidad, no deseamos hacer.

En tercer lugar, queríamos que nuestras vidas fueran coherentes con nuestro deseo de vivir en armonía con el entorno.

Para nosotros, simplificar no significa «resucitar» el movimiento de «regreso a la tierra» de los años sesenta, aunque sí queríamos introducir un mayor grado de naturaleza en nuestras vidas, y eso es lo que hemos hecho. Tampoco se trataba de conseguir un estilo de vida barato, aunque casi la mitad de las sugerencias que contiene este libro le ayudarán a reducir sus gastos. Para nosotros, vivir sencillo significa reducir pretensiones, manteniendo las comodidades, pero eliminando la complejidad y minimizando las obligaciones de la vida tal y como la habíamos vivido durante los ochenta.

Cada vez que dábamos un paso importante en nuestro proceso de simplificación, descubríamos otras medidas menos relevantes que podíamos adoptar y las añadíamos a nuestra lista. Decidí que si nosotros dos —por otra parte, personas racionales y razonables— nos habíamos visto atrapados por el frenético estilo de vida y el consumismo rampante de los ochenta, tenía que existir otra gente razonable que hubiera optado por lo mismo y que ahora buscara algo efectivo que hacer para simplificar sus vidas. Y así decidí escribir este libro, que es una compilación de los pasos que hemos dado para simplificar y de las cosas que hemos ido aprendiendo de otras personas con el mismo criterio.

Es posible que su vida sea lo bastante complicada —como lo fue la nuestra— para justificar la implantación de muchas, o de todas, nuestras sugerencias. O también puede ser que una o dos de estas medidas —cómo sanear sus relaciones con los demás (→ consejo 72), o cambiar sus expectativas (→ consejo 88)— le basten para conseguir el nivel de sencillez necesario para disfrutar más plenamente de otras áreas de su vida. En cualquier caso, recuerde que lo que para algunos es sencillez, para otros puede representar complicación. La decisión es sólo suya.

A lo largo de la historia, los sabios de todas las culturas han repetido que el secreto de la felicidad no radica en conseguir más, sino en desear menos. Al parecer, nos encontramos en uno de esos momentos dorados de cambio que nos brinda la oportunidad de relegar, libremente, las cosas que no nos hacen felices y de incorporar a un sencillo estilo de vida lo que aprendimos en los ochenta. Así, parafraseando a Henry David Thoreau, aproveche el compás de los tiempos y simplifique, simplifique. Y disfrútelo.

Uno

LA CASA

1. REDUZCA EL DESORDEN EN SU VIDA

Eliminar los chismes y los cachivaches que desordenan su casa, su coche, su oficina y su vida supone dar un paso de gigante en el camino hacia la simplicidad. Si va a trasladarse a una casa más pequeña (→ consejo 19), sin duda será necesario que se deshaga de algunas cosas. Para iniciar el programa de reducción del desorden, siga un sencillo lema: *Si no lo ha utilizado durante un año o más, deshágase de ello.*

Deshacerse de las cosas innecesarias puede dar lugar a diferentes soluciones: se pueden regalar a un amigo, donar a los servicios sociales, llevar a tiendas de segunda mano, vender en un mercadillo o tirar a un contenedor.

Comience por los armarios roperos y, a partir de allí, vaya ampliando. Limpie cada armario, cada cajón y cada estante, de cada habitación de su casa, incluyendo los de la cocina. ¿Realmente le hace falta un robot de cocina grande, uno pequeño y una batidora? (→ consejo 35). No se olvide del armario de la entrada, del armario de la ropa blanca, de las cajas de herramientas y del armario de los medicamentos (→ consejo 66). Recuerde el cuarto de la lavadora, el garaje, el altillo, el sótano, su despacho, el coche y cualquier trastero que pueda tener alquilado o prestado.

Cuando mi marido y yo empezamos a simplificar y realizamos este ejercicio, nos dejó atónitos la cantidad de «trastos» que habíamos acumulado y que ya no usábamos. Deshacernos de todo aquello fue una experiencia tremendamente liberadora.

Un poco más tarde nos dimos cuenta de que, en realidad, teníamos mucho más espacio para vivir del que realmente necesitábamos, o incluso queríamos, así que nos trasladamos a un piso. Durante la mudanza repetimos el ejercicio de deshacernos de los trastos y conseguimos librarnos de otro montón de cosas que ya no nos cabían.

Hemos ido comprobando que, a medida que hemos refinado nuestro programa de simplificación, durante los dos últimos años, cada vez somos más decididos a la hora de desprendernos de las cosas que sabemos que no volveremos a utilizar. Puede que no esté dispuesto a deshacerse de todo lo que hay en sus armarios en el primer par de repasos, pero le prometo que cuando haya experimentado el efecto vigorizante y el sentimiento de libertad que genera esta medida, deshacerse de los trastos le será cada vez más fácil.

Puede completar la fase inicial del programa de desalojo de trastos en un par de tardes de domingo. Si tiene hijos, asegúrese de que participen en el inventario con usted. Es una forma fantástica de aprender, desde muy temprano, a mantener su vida libre de trastos. Decida la hora y comience.

Recuerde: no se trata de negar las cosas que quiere, sino de librarse de las cosas que no quiere.

2. UTILICE EL SISTEMA DE DAVE PARA LIBRARSE DE LOS TRASTOS

Nuestro amigo Dave avala la utilidad de este método para deshacerse de cosas que ya no necesita, pero que no soporta tirar. Guárdelas en una caja con una etiqueta que indique una fecha a dos o tres años vista, pero no apunte su contenido. Guarde la caja en el altillo, o en el sótano, o donde usted crea conveniente. Una vez al año examine las etiquetas. Cuando llegue a una caja cuya fecha se ha sobrepasado, tírela sin abrirla. Como no sabe qué hay dentro, nunca lo echará en falta.

Claro que es mucho más fácil mantener su vida libre de trastos si adquiere el hábito de no acumularlos. Puede impedir que las cosas se amontonen si opta por librarse de ellas ahora, en lugar de hacerlo más adelante. Cada vez que guarde algo en el fondo de un armario, o en un altillo, pregúntese: «¿Realmente quiero guardar esto, o acabará aumentando el desorden?». Mejor disciplinarse y renunciar a ello inmediatamente.

3. LIMPIE SU CASA CON EL MÁXIMO DE EFICACIA

Si ya ha reducido sus necesidades de bienes y servicios (→ consejo 42), es posible que haya renunciado a la señora de la limpieza. Pero tanto si limpia su casa por su cuenta como si emplea a alguien, debería leer *Speed Cleaning* de Jeff Campbell y *The Clean Team* (Dell Publishing). Tardará menos de treinta minutos en leer uno de estos manuales y, tal vez, reducirá el tiempo y los gastos de la limpieza del hogar a menos de la mitad.

Me considero bastante eficiente, pero jamás se me habían ocurrido algunas de las simples técnicas para ahorrar tiempo que se describen en este libro. Por ejemplo, las sencillas ilustraciones enseñan, paso a paso, cómo abordar el proceso de limpieza del hogar, habitación por habitación, permitiendo pasar por toda la casa, de arriba abajo y de izquierda a derecha, sin volver nunca sobre sus pasos. Solamente así reducirá, de manera decisiva, el tiempo que dedica a la limpieza.

De hecho, es posible que una persona que utilice un sistema de limpieza rápida, limpie a fondo una casa grande en poco más de una hora. Una vez que haya dispuesto su casa para la limpieza rápida, no tendrá que limpiar cada semana obligatoriamente. Estos métodos limpian tan a fondo que bastará con hacerlo cada dos semanas, o incluso una vez al mes, dependiendo de sus circunstancias.

El libro enseña a ahorrar tiempo, energía, agua, productos de limpieza y, lo mejor de todo, sus sábados. Habla de productos inocuos para el medio ambiente y los utensilios y técnicas de limpieza más recientes. También enseña cómo conseguir los mejores resultados de su servicio de limpieza.

A primera vista puede parecer que renunciar a la señora de la limpieza complicará su vida en vez de simplificarla. Si tiene una casa de cuatro o cinco dormitorios, probablemente sea así. Pero si se está acercando a un estilo de vida a escala humana, y de pocos gastos, puede fácilmente hacerse cargo de la limpieza rutinaria sin ayuda externa, especialmente si incluye a todos los miembros de la familia en el proceso. Enseñar a sus hijos eficaces técnicas de limpieza y mantenimiento del hogar no sólo le hará la vida más fácil a usted, sino que los educará dentro de los valores de la simplicidad.

4. REDUZCA A LA MITAD EL TIEMPO DE HACER LA COMPRA

La mayoría de la gente que conozco va corriendo al supermercado dos o tres veces por semana y muchos hacen la compra más a menudo.

Un caso extremo es el de una amiga que hace la compra cada día. Es una mujer casada, con una carrera, y sin hijos, que gasta mucho dinero al mes en comida para ella y su marido. A pesar de que sostiene que detesta hacer la compra, jamás consigue organizarse para planificar las comidas y la compra con tiempo. En consecuencia, gasta más tiempo, dinero y energía de lo necesario en comprar.

Cuando comenzamos nuestro programa de simplificación, una de las primeras medidas que consideré fue cómo podía simplificar las tareas relacionadas con la compra, puesto que malgastar el tiempo en una tienda de comestibles no me gusta demasiado. Me fijé la meta de reducir al menos a la mitad las dos o tres horas que me paso haciendo la compra cada semana.

Así que me senté en el ordenador y escribí una lista con todos los comestibles que, posiblemente, podría comprar de una sola vez. Hice un par de docenas de copias que guardo en uno de los armarios de la cocina, así tengo una lista nueva cada vez que la necesito. Es fácil ponerla al día cuando nuestros hábitos alimentarios cambian.

Ahora, antes de ir a comprar, me siento en la mesa de la cocina y elaboro un menú rápido para toda la semana. Luego, repaso mi lista y marco las cosas que necesitamos. Puesto que estoy en la cocina, puedo ver rápidamente qué se nos ha terminado e incluirlo en la lista.

El proceso total, desde hacer la lista hasta realizar la compra y guardarla, emplea un poco más de una hora y casi nunca tengo que volver a la tienda, durante la semana, para comprar artículos que haya olvidado. Claro que también hemos simplificado nuestros hábitos alimentarios (→ consejo 57), pero sólo con hacer la lista ya hemos reducido sustancialmente nuestros gastos mensuales en comida y hemos recuperado tiempo libre.

Otra de las ventajas de usar una lista prefabricada es que, si usted es el comprador principal y tiene que ausentarse el día de la compra, será muy fácil para su pareja o sus hijos hacerse cargo de la compra en su ausencia.

5. COMPRE EN GRANDES CANTIDADES

Otra buena manera de simplificar es comprar en grandes cantidades.

Durante años me he resistido a esta idea. Nunca me parecía que teníamos espacio para guardarlo todo y nunca me tomé el tiempo de sentarme y pensar qué podíamos comprar en grandes cantidades. Luego, cuando comenzamos a preparar nuestras propias magdalenas integrales (→ consejo 61), gastábamos tanta harina integral que se nos hizo mucho más fácil comprarla en grandes cantidades.

Cuando comprobé hasta qué punto el hecho de comprar la harina de esta manera me ahorraba tiempo, energía y embalajes —por no mencionar el dinero— comencé a plantearme qué otros productos podía adquirir al por mayor. Me quedé sorprendida por lo extenso de la lista. Ahora tengo una lista aparte para nuestra compra en grandes cantidades: detergentes, productos de limpieza, pienso para animales, pasta de dientes, champús, jabón de afeitar, arroz, cereales, legumbres, frutos secos y provisiones de repostería.

Una o dos veces al año hago una visita a nuestro mayorista local para aprovisionarme de estos artículos. Ya que hemos eliminado tanto desorden en nuestros armarios (← consejo 1), tenemos suficiente espacio para guardar estas provisiones, dejándolas a mano, y nunca se nos termina aquello que resulta imprescindible.

Si compra en grandes cantidades, recuerde que no todo lo que se ofrece en el mercado mayorista es necesariamente más barato, así que debe tener una idea de los precios habituales de los artículos que desea comprar. Si no, podría salirle demasiado caro. Encontrará mucho más fácil hacer la compra en grandes cantidades si lleva una lista detallada; de lo contrario, existe la enorme tentación de comprar cosas que no necesita realmente, pero a las que no puede resistirse porque están bien de precio.

Además del tiempo y el dinero ahorrados, una de las ventajas más valiosas de comprar en grandes cantidades es la disminución de los materiales de embalaje. De hecho, muchos mayoristas, sobre todo las cooperativas, animan a los clientes a traer sus propias bolsas y contenedores de la compra, lo cual reduce aún más el problema de los envoltorios.

6. PLANTE UN HUERTO

Tenemos unos amigos que han reducido su compra de comida cultivando un huerto. Toda su cosecha anual está cultivada en parterres en la azotea de su casa. Tienen tomates frescos, pimientos, guisantes, alcachofas, pepinos y varios tipos de calabacines, además de un amplio jardín de hierbas. Montaron un sistema de riego por goteo con temporizador automático. Nunca tienen que labrar la tierra; después de la cosecha arrancan la planta vieja, añaden hojas y restos de plantas, y siembran una nueva. Los parterres tienen ruedas para poder trasladarlos fácilmente, a fin de exponerlos lo máximo posible al sol. Pocas veces tienen que usar insecticidas pero, cuando lo hacen, utilizan una mezcla orgánica con una porción de detergente por diez de agua.

Son profesionales que trabajan hasta muy tarde. Decidieron, hace años, que preferían dedicar su tiempo a cuidar las plantas de su azotea antes que ir corriendo al mercado cada vez que necesitaban un tomate. Obtienen una enorme satisfacción al producir gran parte de los productos que sirven en su mesa y buena parte de esa satisfacción se debe a que están cultivado de manera ecológica. Disfrutan mucho del poco trabajo que supone cuidar este sencillo huerto y les encanta sentirse en contacto con la naturaleza. Además, conscientemente, han implicado a su hijo adolescente en la rutina de cultivar el jardín. No sólo les ha sido de gran ayuda, sino que, además, ha desarrollado un amor por las plantas y la naturaleza que de otra manera quizás no hubiera sentido. Han llegado a apreciar la oportunidad de trabajar todos juntos, en familia, en una actividad que disfrutan todos.

Si tiene sitio para un jardín en la terraza o patio, cultivar un huerto, no solamente simplificará su compra de alimentos, sino que aportará una gran satisfacción a su vida.

7. HAGA TODOS SUS RECADOS EN UN ÚNICO SITIO

Dedicaba una cantidad desproporcionada de tiempo a hacer mis recados habituales. Cada semana, sin pensarlo dos veces, iba de una punta a la otra de la ciudad para visitar mis tiendas preferidas, que frecuentaba más por hábito que por conveniencia. Conducía once kilómetros hasta el otro lado de la ciudad para comprar comida especial, ocho kilómetros al centro otra vez para ir al banco, otros diez kilómetros a un centro comercial especial, un par de kilómetros más allá para adquirir casi todo lo demás: videoteca, ferretería, librería y tienda de animales domésticos. Y, claro está, no olvidemos un pequeño viaje a la pescadería, la panadería y la floristería.

Ahora, afortunadamente, vivimos a una manzana de la zona comercial donde podemos hacerlo todo de una vez y que, además, tiene veterinario y peluquería canina, tienda de fotografía, una farmacia e, incluso, media docena de buenos restaurantes a los que podemos desplazarnos a pie. Hemos reducido al menos en hora y media el tiempo que tardábamos en hacer nuestros recados semanales.

Si no vive cerca de un centro comercial donde pueda hacer todas sus compras semanales, organícese al máximo para comprar las cosas en el barrio, evitando cualquier rodeo.

El coche, como la lavadora-secadora (→ consejo 8) es otra comodidad de la que tendemos a abusar. Es tan fácil subir al coche y salir corriendo, que nunca pensamos en todo el tiempo extra que empleamos haciendo cosas que no haríamos y que, quizás, tampoco necesitaríamos hacer si no tuviéramos el coche para hacerlo tan «fácil».

8. REDUZCA SU COLADA A LA MITAD

En su excelente libro *Timelock,* Ralph Keyes señala que existen muchos artilugios que, supuestamente, nos ahorran tiempo, pero que por la forma en que los usamos no nos evitan tanto esfuerzo como nosotros pensamos. La combinación lavadora-secadora es un ejemplo perfecto.

Durante los últimos cincuenta años, se han llevado a cabo estudios que comparan el tiempo que nuestras abuelas y nuestras madres dedicaban a ciertas tareas del hogar con el tiempo que tardamos en la actualidad. Es interesante comprobar que, a pesar de que las lavadoras y secadoras automáticas reducen considerablemente el tiempo que se tarda en lavar y secar una carga de ropa, invertimos tanto tiempo como nuestras abuelas y en algunos casos más. ¿Por qué? Sencillamente, porque lavamos más veces.

En el pasado, por ejemplo, el abuelo se ponía una camisa limpia el lunes y, tras llevarla con cuidado toda la semana, iba al cesto de la ropa sucia el día del lavado. Ahora, no nos parece gran cosa cambiarnos dos o tres veces de camisa al día: una para hacer ejercicio, otra para trabajar, una más para estar por casa y las lanzamos todas al cesto de la colada en el momento de quitárnoslas.

Lo mismo sucede con las toallas y las sábanas. Hoy, sin inmutarnos, usamos una toalla o, quizás, dos o tres por persona y día. Después de todo, es tan fácil... Basta con cargar la lavadora, ¿verdad?

En caso de que el servicio se encargue de la colada, todavía tendría que considerar el consumo de agua, detergente, gas, electricidad y los demás gastos, además de tener que supervisar la labor. La cosa cambia mucho si es usted quien se encarga del lavado y si pasa mucho más tiempo con la lavadora del que quiere y necesita.

Si éste es su caso, siéntese y vuelva a plantearse el uso que hace de la ropa y de otros artículos lavables. Un objetivo fácil sería reducir la colada al equivalente de una carga por persona a la semana. Cuando lo consiga, le resultará fácil volver a reducir a una carga cada dos semanas, especialmente cuando haya simplificado el vestuario (→ consejo 22), y lleve habitualmente colores oscuros que no necesitan tanto lavado. Use su ropa al máximo y enseñe a sus hijos a hacer lo mismo. Destine una toalla de baño y otra de aseo por persona a la semana.

¿Y quién dice que hay que cambiar las sábanas cada semana? Nuestras madres lo hacían porque era lo obligado entonces. Pero con tantas madres trabajando fuera de casa, además de trabajar en el hogar, las cosas han cambiado. Estoy aquí para decirles que es posible pasar dos semanas o más sin cambiar las sábanas de la cama y sobrevivir para contarlo. Pero no se lo cuenten a mi madre.

9. NO COMPRE ROPA QUE NECESITE LIMPIEZA EN SECO

Evidentemente, hay muchas profesiones cuyos códigos referentes a la vestimenta exigen ropa que necesita lavarse en la tintorería regularmente. Si es usted un agente de inversiones o un abogado, tendrá obligatoriamente trajes de tres piezas que no reaccionan bien al paso por la lavadora-secadora. Afortunadamente, muchos, hoy en día, ya no somos esclavos del código tácito en el vestir que reinaba durante los ochenta, por ejemplo. A partir de ahora, por lo menos hasta la Revolución, la norma debería ser vestir lo más cómodo posible, lo cual quiere decir, principalmente, tejidos naturales.

Tengo un amigo quc dicc quc llcvar cicrta cantidad de ropa a la tintorería es mucho más sencillo que tener que pasar una cantidad similar por la lavadora, y para algunos puede ser cierto. Todo depende del estilo de vida que se elija y hasta qué punto quiere que su vida sea sencilla. Durante años, hicimos viajes semanales a la tintorería para recoger unas camisas y dejar otras y nunca nos lo pensamos dos veces. Ahora que hemos simplificado nuestro vestuario es mucho más fácil evitar la tintorería. Me encanta poner una carga de ropa en la lavadora, tenderla y saber que estará lista para usar. Y también es una pequeña satisfacción saber que hemos reducido, aunque sea en una medida ínfima, el uso de disolventes de tintorería, tan nocivos para el medio ambiente.

10. DEJE LOS ZAPATOS EN LA ENTRADA

Adquiera el hábito de quitarse los zapatos antes de entrar en su casa. Esta sencilla costumbre conlleva una cantidad increíble de ventajas. Reduciendo los elementos del exterior que entran al interior se reduce la cantidad de polvo y otras partículas no bienvenidas en las alfombras y suelos. Su casa estará notablemente más limpia: las manchas de suciedad en las moquetas y alfombras se mantendrán al mínimo, le será mucho más fácil mantener limpias las moquetas y el acúmulo de polvo general de la casa se reducirá en grandes proporciones.

Pero, quizás, la mayor ventaja para los buscadores de la simplicidad es que, dejar los zapatos de calle en la entrada, le ayudará a crear la sensación de que su hogar es como un santuario. Es una sensación casi mágica. Cuando se dejan los zapatos en la puerta se comienza a sentir que los problemas podrían quedarse también allí.

Una variante de esta idea me llegó de un conocido que tiene una compañía de programas para ordenadores. Debido a la importancia de crear un entorno libre de polvo en su lugar de trabajo empezó, hace algunos años, a pedir a sus empleados que dejaran fuera los zapatos. Llegó al extremo de comprar unas zapatillas para cada empleado y mantiene un presupuesto de zapatillas para uso de la plantilla. Las visitas y sus empleados están al tanto y dejan los zapatos en la puerta.

Consejo: construya o cree (o, como última opción, compre) un pequeño cajón o estante donde pueda dejar sus zapatos cuando entre en casa. Mantenga una provisión de calcetines o zapatillas si es del tipo de persona que necesita llevar algo en los pies. Tenga también calcetines extras o zapatillas para las visitas e invíteles a dejar sus zapatos en la puerta.

11. ESCOJA ALFOMBRAS CON DIBUJOS

Cuando recuerdo la época en que decidí instalar una alfombra de color crudo en nuestra recién remodelada casa, me pregunto por qué no fui a ver al médico. Era a mediados de los años ochenta y las alfombras de tonos beige, gris y color hueso eran una especie de rebelión contra la moda de las alfombras lanudas, marrones y naranjas, de los setenta y, posiblemente, incluso en contra de las verdes esculpidas de los sesenta.

Sí, las alfombras claras de felpa están de moda y bien cuidadas son bonitas, pero no son nada sencillas de mantener. Muestran cada mancha, cada mota de suciedad, cada pelo dc gato, cada miga de tostada y cada gota de café que ha sido derramada en sus fibras supuestamente resistentes a las manchas.

Cuando nos mudamos de nuestra casa a un piso, cambié la alfombra de color claro por una multicolor que da cierto aspecto arenoso. Es la mejor decisión, en el tema de la decoración, que he tomado en mi vida. Actualmente, existen numerosos tipos de alfombras estampadas disponibles y, si tiene que cambiar de alfombra, le aconsejo vivamente que considere esta posibilidad. También puede tener en cuenta la posibilidad de una alfombra multicolor, persa u oriental, que ofrece idénticos resultados. No es que queden mucho más limpias, es que no enseñarán las manchas, las motas, los chorretones, el polvo y las marcas, tan fácilmente como las alfombras claras y lisas o las oscuras lisas. Si quiere que sus alfombras guarden un buen aspecto sin tener que gastar mucho tiempo en ello, una alfombra moteada, con dibujos o multicolor, camuflará una gran cantidad de pecados y hará que su vida sea mucho más fácil.

12. USE BANDEJAS PARA LA COMIDA

Cuando, al principio de nuestro programa de simplificación, me retiré a un refugio, pasé un fin de semana maravillosamente refrescante y tranquilo en una hermosa casa de piedra situada en las colinas. La casa acoge, cómodamente, de ocho a diez huéspedes a la vez y, normalmente, está ocupada al completo con meses de antelación. Los huéspedes pueden comer en el comedor comunitario o en sus habitaciones. El café, el té, los zumos y todo tipo de tentempiés que gotean, dejan migas o manchas están disponibles a todas horas. Los huéspedes, cargados con estos comestibles que tan fácilmente dejan huellas, hacen viajes regulares por los pasillos enmoquetados, suben y bajan las escaleras de piedra pulida, pasean por habitaciones cubiertas con lujosas alfombras persas y orientales y atraviesan suelos de parquet maravillosamente mantenidos. Y, sin embargo, los suelos, las alfombras y las moquetas están inmaculados.

¿Por qué? Sólo hay una regla en la casa: cualquier comida o bebida que salga de la cocina tiene que estar sobre una bandeja. Cuando pienso en la cantidad de tiempo que he gastado limpiando manchas en la alfombra de color crudo o barriendo migas de los suelos de parquet, me pregunto por qué nunca se me ocurrió a mí. Ahora tenemos una regla en casa referente a la comida: cualquier comida o bebida que salga de la cocina tiene que estar sobre una bandeja. Es una solución tan simple como elegante.

13. MANTENGA LAS PLANTAS EN EL EXTERIOR

¿Le ha ocurrido alguna vez que, al levantar alguna de sus plantas para trasladarla a un lugar más soleado, se ha encontrado con un cerco de agua en su parquet recién pulido?

¿Está su mesilla de café llena de manchas de agua caída accidentalmente de la maceta de su orquídea preferida?

¿Alguna vez, al mirar el bejuco que cuelga sobre el fregadero de la cocina, se ha preguntado cuándo tendrá tiempo de bajarlo y sacarle el polvo de las hojas?

¿Está cansada de rozar el ficus de la sala de estar y provocar otra caída masiva de hojas muertas que ensucian la alfombra?

¿Cuántas veces, al volver a casa, se ha encontrado con que el gato ha vomitado nuevamente sobre el sofá porque se había comido alguna de sus plantas de interior?

A los decoradores de interiores y a los amantes de las plantas no les gustará esta idea, pero el resto sabrán lo que quiero decir: las plantas del interior son una murga. Ya es hora de que nos demos cuenta de que las fotografías de las revistas de decoración y jardinería no necesariamente reflejan la realidad. Nos hacen creer que el cultivo de plantas de interior resulta fácil, pero es todo lo contrario. Y hablo desde la experiencia que proporciona años de ser una amante cuidadora de plantas. Fue la mancha de agua en la estantería de cerezo y la tercera plaga de pulgón en mi hibisco floreciente lo que me hizo pensar que debería haber una manera mejor de contactar con la naturaleza.

Si no tiene un jardín o un patio donde pueda disfrutar de las plantas naturales, considere la posibilidad de una maceta en la ventana. Si no es posible, visite el jardín botánico o el parque más cercano cuando necesite una dosis de «verdor». Por lo menos no reemplace su enredadera la próxima vez que se muera. Le sorprenderá saber lo sencilla que puede llegar a ser su vida cuando se mantiene la naturaleza en el lugar que le corresponde: el exterior.

14. DESHÁGASE DEL CÉSPED

Si no es usted uno de esos jardineros de fin de semana, cuya pasión es jadear y resoplar empujando un cortacésped los domingos o, peor aún, caminar tras un ruidoso y maloliente cortacésped que vomita contaminantes, ¿por qué quiere tener césped en su jardín? ¿Es costumbre en el barrio? ¿Pretensiones sociales? ¿Hábito? ¿Realmente le gusta tener césped? ¿Vale la pena mantenerlo saneado, cortado, segado, fertilizado, aireado, rastrillado y regado?

Aunque otra persona —un jardinero eventual— se ocupe del césped por usted, aún tendrá que hacer el esfuerzo de velar por que le dé los cuidados precisos y, como mínimo, tendrá que acarrear con los gastos suplementarios que ello conlleva.

¿No sería más sencillo deshacerse totalmente del césped? Podría ahorrarse mucho tiempo, dinero, esfuerzo, energía, agua y otros recursos naturales (gasolina o electricidad para el cortacésped), además de recursos poco naturales (fertilizantes químicos y herbicidas) si cambiara su césped por otra planta.

Existen innumerables especies vegetales que cubren el suelo —paquisandra, dicondra, hiedra, y numerosas plantas rastreras de hoja perenne, por ejemplo—, resistentes a la sequía, de crecimiento rápido, que necesitan pocos cuidados y que pueden reemplazar de forma efectiva el césped. Consulte con un horticultor sobre cuál es el tipo más adecuado para el clima de su región.

Imagínese lo que significaría no tener que volver a preocuparse por su césped. ¡Deshágase de él!

15. O, POR LO MENOS, SIMPLIFIQUE EL MANTENIMIENTO DEL CÉSPED

Si siente que le es absolutamente imprescindible mantener el césped, considere la posibilidad de introducir algún cambio en su mantenimiento. Las siguientes sugerencias pueden ayudarle en esa tarea:

1. Redúzcalo, pero de forma que quede suficiente espacio para que los niños puedan jugar.
2. La mayoría de la gente sobrerriega su césped. Recuerde que hay que regarlo lentamente y en profundidad. Esto es más efectivo que una aspersión breve y frecuente. El mejor momento para regar es por la mañana.
3. Córtelo con menos frecuencia. Esto no sólo le ahorrará tiempo y energía: casi todos los tipos de césped desarrollan raíces más sanas cuando se les permite crecer hasta una altura de siete u ocho centímetros. Además, cuanto más alto sea el césped, mejor cubrirá y protegerá el suelo, lo que permitirá que

la tierra retenga la humedad durante más tiempo y, a su vez, reducirá la necesidad de riego.

4. No rastrille las puntas cortadas. Dejarlas no solo le ahorrará tiempo y energía, sino que ayudará a retener la humedad y supondrá un fertilizante natural para el césped.

5. Si tiene que usar plaguicidas, úselos orgánicos en lugar de químicos.

16. LOS ANIMALES DOMÉSTICOS «SIMPLIFICADOS»

Durante el segundo año de nuestro programa de simplificación, mi marido trajo a casa un cachorro de raza Shih Tzu. A pesar de tener dos gatos, un tanto abandonados, ninguno de los dos habíamos tenido un perro antes. ¡No teníamos ni idea del lío en que nos metíamos!

Una tarde, al final de la primera semana, miramos atónitos a *Piper*, nuestro perro, corriendo por la casa y mordiendo todo cuanto estuviera a la vista, ensuciando la alfombra, aterrorizando a los gatos y, en general, causando todo tipo de estragos en nuestro pacífico hogar. Gibbs me miró y dijo: «Quizás nos hemos pasado de rosca con lo de simplificar». ¿Habíamos simplificado nuestras vidas hasta tal extremo que necesitábamos traer aquella pequeña bola de pelo para animar las cosas?

Quizás sí. Pero, en realidad, se trataba de que, finalmente, habíamos simplificado nuestras vidas lo suficiente como para poder disfrutar del placer y del ajetreo, por qué no, que implica tener un perro. Algo que nunca habíamos tenido tiempo de hacer antes.

Los animales domésticos no le simplificarán la vida, pero hay cosas que se pueden hacer para procurar una vida más fácil a su propietario:

1. Si no es un entusiasta de la peluquería canina, elija animales domésticos de pelo corto. Incluso en este caso, dedique unos minutos al día para cepillar a su gato o a su perro; esto reducirá la cantidad de pelos y bolas de pelo que invadirán sus alfombras y rodarán por el suelo de su casa.

2. Si la salud mental de su mascota no se resiente con ello, mantenga al animal dentro de casa. Obviamente, esto sólo es factible si vive en una casa con un amplio patio o jardín y si tiene un animal pequeño. De este modo, evitará las peleas con otros animales (que requieren costosas y largas visitas al veterinario) y la posibilidad de que los atropelle un coche (lo que no sólo puede ser caro, sino además fatal, algo sin duda mucho peor). Además los animales que se quedan en casa tienen menos problemas con las pulgas.

3. Si, con todo, sus animales tienen pulgas, use un pulguicida no nocivo para el medio ambiente, que le permita deshacerse de ellas durante largo tiempo y evitar el peligro de una infestación masiva en su casa.

4. Tómese el tiempo necesario para entrenar a su perro. Tanto si tiene un cachorro nuevo como si se trata de un perro adulto, todos los perros pueden ser entrenados para obedecer órdenes tan básicas como VEN, SIÉNTATE, QUIETO, PARA, CALLA y DEJA DE MORDER LA PATA DE LA MESA. Al contrario de lo que muchos veterinarios le dirán, los cachorros pueden comenzar el entrenamiento básico a los tres meses (el entrenamiento en la casa deberá iniciarse en cuanto entren a formar parte de la familia).

Un perro bien enseñado, a pesar de no entrar en la categoría de *sencillo*, sí puede ser una verdadera alegría en su vida. Gracias a *Piper* estamos absolutamente seguros de que daremos un vigoroso paseo diario (→ consejo 63). Y sacarlo fuera, al amanecer y a última hora de la noche, nos ha acercado más a la naturaleza. Ahora contemplamos con regularidad muchas fases de la luna y de las estrellas que antes no habíamos tenido la oportunidad de ver, y las tranquilas perspectivas, los sonidos y los olores del amanecer y de la noche son regalos especiales que hemos aprendido a disfrutar todos los días del año.

17. El traslado simplificado

Hemos cambiado de casa ocho veces en los últimos quince años. Éstas son algunas de las cosas que hemos ido aprendiendo por el camino:

1. Antes de iniciar un traslado, realice el ejercicio de eliminación de objetos superfluos descrito en el consejo 1.
2. Mucha gente comienza a empaquetar mucho antes de lo debido. Como resultado, la casa adquiere el aspecto de una zona catastrófica ya varias semanas antes del traslado. El contenido de un hogar medio se puede embalar en menos de una semana. Si contrata a una agencia de mudanzas, normalmente lo empaquetarán todo en un día, pero pídales antes una evaluación del tiempo que invertirán. Reserve una habitación de la casa para guardar las cajas ya listas mientras prepara el resto.
3. Empiece por embalar los objetos preciosos, como floreros y objetos de arte (claro que ahora irán directos a la caja de los *mathoms*, → consejo 35); luego, los libros, la ropa blanca, la ropa normal y los objetos personales. Los enseres de cocina guárdelos para el final, preferiblemente para cuando los de las mudanzas estén cargando el camión.

4. Asegúrese de que el lugar donde se traslada está limpio y en condiciones para vivir.

5. Elabore un sistema de etiquetaje, basado en los colores, para los empleados de las mudanzas: todas las cajas con etiqueta roja van a la cocina, todas las cajas con etiqueta azul van al comedor, etcétera.

6. Si se muda al otro extremo de la ciudad, traslade los utensilios de cocina que le harán falta para las primeras comidas en la nueva casa, la ropa que necesitará hasta que llegue el camión de mudanzas y un neceser.

7. Utilice grandes cajas de guardarropía para su ropa, de forma que pueda colocarla directamente en los armarios de la nueva vivienda. Si ya ha simplificado su vestuario (→ consejo 22), tendrá poco que embalar.

8. Cuando empaquete los libros, comience por el estante superior de la librería y continúe de izquierda a derecha y de arriba abajo hasta el último estante. Marque las cajas por estanterías y por número. Posiblemente, no pueda aprovechar hasta el último rincón del paquete, pero así es mucho más sencillo.

Dé instrucciones a los encargados de las mudanzas para que monten las estanterías en la casa nueva y depositen las correspondientes cajas al lado, en orden numérico. Comience por la caja número uno y ordene los libros en los estantes en el orden exacto en que los embaló.

9. Si es posible, emplee una compañía de mudanzas que le provea de cajas y que acepte la devolución de las cajas usadas. Algunas compañías venden cajas usadas a muy buen precio.

10. Envíe los animales domésticos y los niños pequeños a casa de alguien por un día. Los niños mayores pueden ayudar a desembalar sus cosas.

11. Elabore un plano aproximado con la distribución de los muebles que desearía en la nueva casa. Haga copias sufi-

cientes para pegar una en la puerta de cada habitación. Esto le ahorrará tener que estar presente cada vez que los operarios de mudanzas traigan un mueble, o un montón de cajas, y le permitirá quedarse en la cocina desembalando y organizando la cena de esa noche o, por lo menos, el desayuno de la mañana.

18. EL RECICLAJE SIMPLIFICADO

Una de las maravillosas ventajas de simplificar su vida es lo fácil que llega a ser el proceso del reciclado. Simplificando sus hábitos culinarios (→ consejo 57), reducirá en gran medida el volumen de embalaje de precocinados. Bebiendo agua en lugar de refrescos envasados (→ consejo 60), reducirá mucho el número de latas, botellas y recipientes de plástico que tiene que tirar. Eliminando el periódico diario (→ consejo 28), reduciendo sus suscripciones a revistas (→ consejo 27) y poniendo fin al correo comercial (→ consejo 26), reducirá en gran medida la cantidad de papel que tiene que reciclar.

También ahorrará en botellas y embalajes tirando todos los medicamentos, salvo la aspirina, y restringiendo el uso de fármacos inútiles (→ consejo 66).

Replanteándose seriamente sus hábitos de compra (→ consejo 44), y dejando de asistir a fiestas (→ consejo 33) no sólo reducirá los embalajes, sino también la cantidad de artículos que ocupan espacio de forma innecesaria en su vida. Y, claro está, reducir el desorden (← consejo 1), mantener una vida sin desorden (→ consejo 89) y simplificar los regalos (→ consejo 35) son procesos de reciclaje intrínsecamente automático.

Los expertos están de acuerdo en que, a pesar de lo necesario que es, el reciclaje sólo soluciona una parte del problema mundial de eliminación de los desechos. Reducirlos mediante la simplificación supone una medida mucho más directa y económica.

DOS

EL ESTILO DE VIDA

19. TRASLÁDESE A UNA CASA MÁS PEQUEÑA

¿Qué ha ocurrido para que el tamaño del hogar medio norteamericano, una casa de aproximadamente 80 m², dos dormitorios y un baño, se haya convertido a partir de 1950 en una casa de aproximadamente 185 m² con tres dormitorios, tres baños, una cocina-comedor, un comedor, una biblioteca, un gimnasio, un salón, una sala de estar donde ver la televisión, un garaje para por lo menos dos y a menudo tres coches, y un vestíbulo del tamaño de la Capilla Sixtina? Con toda seguridad, este cambio no se ha producido por la necesidad de acomodar a familias más numerosas; el tamaño de la familia media se ha reducido, considerablemente, desde los años cincuenta.

La carga económica que supone mantener esas «mansiones» se ha duplicado y, en muchos casos, triplicado desde la década de los cincuenta. Actualmente, muchos propietarios invierten en su casa más de la mitad de sus ingresos.

Incluso si sustituimos nuestro piso por una casa adosada, de dimensiones menos desmesuradas, en las afueras de la ciudad, lejos del centro de trabajo y de las zonas de servicios, nos veremos obligados, con ello, a emplear más tiempo en desplazamientos y más dinero en gasolina y transporte.

Mucha gente se ha dado cuenta, finalmente, del excesivo coste que supone, en términos de calidad de vida, tiempo, energía y dinero, una casa grande. Cuando nosotros nos mudamos —huyendo de la contaminación, las aglomeraciones y las cuatro horas de desplazamiento del centro de la ciudad al extrarradio— a una localidad más pequeña donde podíamos vivir y trabajar (→ consejo 51), empezamos viviendo en una casa de 280 m^2. Inconscientemente, habíamos asimilado la mentalidad de los ochenta que predicaba: «¡Cuánto más grande, mejor!». Además, necesitábamos espacio para que cupieran todos nuestros trastos.

Una vez nos deshicimos del desorden (← consejo 1), nos dimos cuenta de que no necesitábamos tanto espacio. Cuando nos trasladamos a nuestro pequeño piso, nuestro principal objetivo fue conseguir una vivienda fácil de cuidar y mantener, sin renunciar por ello a la comodidad ni a la funcionalidad. Ha resultado un tremendo alivio no tener que preocuparnos más por ese caserón enorme, el gran jardín y las complicaciones crecientes que implica un hogar demasiado grande.

20. CONDUZCA UN COCHE SENCILLO

Cuando se trata de simplicidad en el apartado de coches, Gibbs y yo estamos justo a medio camino.

Hace unos años, poseída por el espíritu típico de los que se encuentran en pleno ascenso social, me compré uno de esos potentes sedán extranjeros. Generalmente, se trata de coches seguros, y para mí es un placer conducirlo, pero sería exagerar llamarlo «sencillo». Conlleva cierto trabajo y gastos de mantenimiento, tengo que vigilar dónde lo aparco y el consumo de gasolina por ciudad (once litros cada cien kilómetros) resulta difícil de justificar, teniendo en cuenta que hay modelos de coche que sólo consumen cinco litros cada cien kilómetros.

Por otra parte, Gibbs conduce un Plymouth de hace diez años. Se acostumbró desde niño al transporte público en el metro y los autobuses de Nueva York y nunca tuvo coche hasta que nos mudamos a las afueras. Entonces, se compró un viejo convertible que apenas sobrevivía al viaje de ida y vuelta hasta el tren. Para él, el coche es simplemente una manera útil de desplazarse de un sitio a otro.

El seguro, los impuestos y las tasas de matriculación de su coche suponen la mitad de los que yo pago por el mío. Puede aparcar en cualquier lugar sin tener que preocuparse de que se lo roben o se lo abran (como es el primero en admitir, ¡nadie lo querría!).

Mi coche tiene que visitar el taller casi el doble de veces que el suyo. Incluso los recambios más nimios cuestan el triple y a menudo tardan el doble en conseguirlos.

Recientemente, tras probar el servicio local de autobuses, Gibbs lo ha encontrado adecuado a sus necesidades, y como nuestros amigos en San Francisco (→ consejo 96), está considerando seriamente la posibilidad de deshacerse totalmente del coche. Además de reducir sus gastos de transporte en dos tercios, se ahorraría la tarea de conducir, que no le atrae demasiado.

Seguramente, sería más sencillo reemplazar mi coche por el suyo. Aunque odio tener que admitirlo, aún no estoy preparada para dar ese paso. Pero he decidido cambiarlo cuando la tecnología esté lo bastante avanzada como para fabricar coches eléctricos seguros, aptos para cubrir cualquier distancia.

21. VENDA ESE MALDITO BARCO

Esta sugerencia va dirigida a los hombres. Las mujeres, en general, no suelen poseer este tipo de «juguetes».

Quince millones de americanos son propietarios de un barco. Cualquiera que haya estado en una localidad portuaria en fin de semana sabe que sólo un ínfimo porcentaje de esos barcos se usan en realidad. Muchos van acumulando gastos en muelles y almacenes por todo el país. El resto ocupa espacio en calzadas y garajes o en la parte de atrás del jardín de sus dueños.

Lo mismo se puede decir de muchos de los artilugios deportivos y de recreo en los que los americanos, colectivamente, nos hemos gastado miles de millones: esquís alpinos y de fondo, equipos de buceo, mochilas, artículos de pesca, palos de golf, equipos de acampada, etcétera. Considere si ha llegado el momento de pensar en deshacerse de alguno de ellos.

22. SIMPLIFIQUE SU VESTUARIO

Esta sugerencia va dirigida, en general, a las mujeres. Los hombres ya suelen tener un vestuario sencillo.

Tras años intentando descifrar el ambiguo concepto de *moda*, he llegado a la siguiente conclusión: cuando un hombre y una mujer están juntos y vestidos de un modo comparable en cualquier estilo, casi sin excepción, el hombre tiene mejor aspecto que la mujer. Existen dos razones:

1. Cuando se trata de moda, los hombres lo tienen muy fácil y, debido a esto, casi siempre aciertan.

2. Las mujeres lo tienen más difícil y casi nunca aciertan. E, incluso, algunas menos que otras.

Es hora de afrontarlo. Los hombres tienen, básicamente, cuatro opciones a la hora de confeccionar su guardarropa: traje (con camisa y corbata), pantalones (con camisa y, a veces, una americana), pantalones informales, tejanos (con un polo), o chándal y traje formal.

En cambio, las opciones para las mujeres son ilimitadas. En los trajes, la chaqueta puede ser corta, mediana, larga o muy larga; ajustada, suelta, cuadrada o con volante; ancha de hombros o estrecha, de hombros caídos o con hombreras; con una hilera de botones o doble hilera, con cinturón o abierta, con solapas de cualquier variedad o sin solapas; pueden tener el cuello redondo, cuadrado, ovalado o en uve; y están disponibles en cualquier tejido o combinación de tejidos, y en cualquier color o combinación de colores imaginables.

De la misma forma, las opciones para el equivalente femenino de las otras categorías —pantalones y ropa informal y ropa formal— también están disponibles en una variedad infinita de estilos, telas y colores. Ésta es la razón por la cual las mujeres tienen tres veces más cantidad de ropa en sus armarios que los hombres. Acumulan media docena de estilos diferentes y pocas prendas —o ninguna— que combinen.

Mi sugerencia para la creación de un vestuario sencillo es aprender de la forma de vestirse de los hombres:

1. Elija un estilo sencillo y clásico que le quede bien, y quédese con él. Para siempre.

2. Cree una serie de trajes a partir de piezas que combinen: dos o tres americanas del mismo o similar estilo, pero

en diferentes colores suaves, con dos o tres pares de faldas del mismo o similar estilo y/o pantalones en diferentes colores neutros y unas cuantas camisas/blusas que armonicen con el resto. Cada prenda debería combinar con todas las demás.

3. Finalmente, recuerde que los hombres, en general, no llevan joyas (→ consejo 94), no llevan bolsos (→ consejo 93), y llevan siempre zapatos con tacones de la misma altura (→ consejo 91).

Esto no significa que las mujeres debamos vestirnos como los hombres. Pero es perfectamente posible crear un vestuario femenino sencillo y funcional siguiendo los mismos principios que marcan la moda masculina.

23. REDUZCA LAS SALIDAS NOCTURNAS

Si ha iniciado el programa de simplificación por necesidad o por el deseo de reducir sus gastos, los dedicados al ocio serán probablemente los primeros en sufrir recortes. Si busca la simplicidad como una forma de salirse de la vorágine de la sofisticación, reducir sus necesidades de diversión fuera del hogar se encontrarán sin duda en uno de los principales puestos de su lista.

En cualquier caso, disminuir la vida nocturna y buscar en su interior y en su círculo familiar nuevas formas de distracción es un paso positivo hacia la simplificación.

Las ventajas económicas de evitar actividades como el cine, el teatro, la ópera, los conciertos, los cabarés y los clubes nocturnos son obvias. Las ventajas personales pueden no ser tan aparentes a primera vista. Después de todo, en los últimos años nos hemos visto obligados a ir, a hacer, a movernos y a experimentar todo lo que el dinero puede comprar. A menudo, en este proceso, las cosas que realmente nos gusta hacer han sido dejadas de lado.

Recientemente, en una reunión con una docena de profesionales de alto nivel, comenzamos a hablar acerca de nuestras ocupaciones en nuestro tiempo de ocio y de lo raro que era que nos permitiéramos disfrutar de momentos de verdadera tranquilidad. Finalmente, decidimos elaborar una relación de las cosas que realmente nos gustaba hacer.

Las listas resultantes incluían cosas como: mirar la puesta del sol, contemplar un amanecer; pasear por la playa, por el parque o por una senda de montaña; charlar con un amigo; hojear libros en una librería; leer una buena novela; trabajar en el jardín; dormir la siesta; pasar un rato tranquilo con la pareja o con los hijos; escuchar una pieza preferida de música; ver una buena película; pasar un rato con nuestro animal doméstico; acomodarse tranquilamente en un sillón sin hacer nada.

Nos sorprendió y nos encantó ver que la mayoría de las cosas que anotamos requerían poco o ningún dinero, ningún tipo de equipamiento caro, y que estaban a disposición de cualquiera que quisiera disfrutar de ellas. En general, nuestros placeres preferidos eran los placeres más sencillos.

No pretendo decir que este pequeño grupo represente a la extensa mayoría, pero en mis viajes por todo el país para hablar de la necesidad de simplificar su vida, oigo las mismas historias una y otra vez: la gente está cansada de dejarse arrastrar por las corrientes del mercado del entretenimiento. Se están dando cuenta de que las mejores cosas en la vida son gratuitas y que, hacer menos, puede significar tener más (más serenidad, más felicidad, más paz mental).

Le aconsejo que haga su propia lista de cosas con las que usted y su familia realmente disfrutan y, luego, disponga su vida de forma que, cada día, pueda dedicar un cierto tiempo a esas cosas que le gusta hacer.

24. RECONSIDERE LAS COMIDAS CON LOS AMIGOS

Una de las costumbres que Gibbs y yo tuvimos que reconsiderar fríamente cuando comenzamos a simplificar nuestra vida fue la de tener invitados a cenar.

Nos encanta pasar una velada con amigos especiales pero, ya que cocinar no representa una especial satisfacción para ninguno de los dos, consideramos que el tiempo y la energía requeridos para preparar una cena, aunque fuera informal, era más de lo que estábamos dispuestos a invertir. Afortunadamente, tras «sufrir» nuestra cocina casera, nuestros invitados aprobaron esta decisión.

Ahora nos citamos regularmente con los amigos en un restaurante cercano para pasar una velada donde cada uno paga lo suyo. Nos ahorramos la compra, los preparativos, cocinar, y fregar los platos, y nuestro tiempo y energía han sido liberados de tal manera que ahora podemos disfrutar de la buena compañía.

No hace falta que sea caro y se pueden compartir los entrantes (→ consejo 58). Tampoco es necesario «hincharse de calorías». Ni siquiera es obligatorio que sea por la noche; los sábados o domingos al mediodía son un momento excelente para disfrutar una comida relajante con los amigos.

Por otra parte, conocemos a varias personas que, recientemente, han decidido abandonar las comidas en los restaurantes para siempre. Están cansados de los precios, del ruido, del humo de los fumadores y de la falta de intimidad. Como nosotros, tampoco son entusiastas de la cocina, así que, cuando se reúnen con sus amigos, optan por las cenas en las que cada uno trae un plato. Han establecido unas cuantas reglas elementales, avaladas por la experiencia, para el buen funcionamiento de estas reuniones sociales: se puede traer lo que se quiera, siempre que sea bajo en calorías, en cantidad moderada y sin espíritu competitivo.

25. APAGUE EL TELEVISOR

Numerosos estudios han demostrado que, en la mayoría de hogares, el televisor está encendido una media de siete horas diarias.

Si ha pasado los últimos años viviendo a toda marcha, son muchas las posibilidades de que no haya tenido mucho tiempo para sentarse a ver la televisión. Pero también es posible que se pase más tiempo mirándola de lo que en principio se imagina. Y, probablemente, no se haya parado a considerar hasta qué punto la televisión puede estar afectándole a usted y a su familia, ni cómo está dictándole lo que debe comprar y cómo debe vivir. Le aconsejo que se tome un tiempo para pensar en ello.

Párese a considerar si las vidas retratadas en su serie preferida confieren algo positivo a la suya, o si la exposición repetida al crimen y a la violencia contribuyen en algo a la tranquilidad de su espíritu. Piense si el formato de «reclamo sonoro de treinta segundos» de la mayoría de los informativos televisivos le da información real. Considere si el hábito adictivo de mirar la televisión contribuye a que se sienta más vivo o independiente.

Y si ha tomado la decisión de reducir sus necesidades de bienes y servicios (→ consejo 42), piense en los efectos abrumadores de la publicidad televisiva.

El mayor porcentaje, con mucho, de los más de 125 mil millones de dólares que los anunciantes se gastan en publicidad es destinado a los anuncios televisivos. Christopher Lasch, en su éxito de ventas *The Culture of Narcissism,** muestra cómo la publicidad moderna crea un consumidor que está «perpetuamente insatisfecho, impaciente, ansioso y aburrido». A juzgar, simplemente, por el porcentaje de dinero destinado a publicidad, es razonable suponer que la televisión ha hecho más por nutrir la fiebre consumista de los ochenta, a la que Lasch denomina «las nuevas formas del descontento de la edad moderna», que cualquier otro medio.

Si sospecha que el hábito de mirar la televisión puede estar desempeñando un papel significativo en la complejidad de su vida, le sugiero que siga un programa fácil de deshabituación (existe bibliografía que puede ayudarle) para reducir o eliminar el uso de la televisión.

Prepare una lista personalizada de las cosas que puede hacer, tanto por su cuenta, como con su familia, en lugar de mirar la televisión. Cosas como releer a los clásicos, o la lectura en voz alta de sus obras de teatro predilectas. Jugar a juegos de mesa u otros que permitan jugar en familia, como el Parchís, el Monopoly o el Trivial Pursuit. Puede buscar una afición que le ayude a pasar el rato.

Si es adicto a la televisión, dejar el hábito seguramente simplificará su vida. La gente que lo ha hecho dice que es lo mejor que les ha ocurrido.

* Consúltese *La cultura del narcisismo*, Editorial Andrés Bello, 1999.

Los estadounidenses recibimos cerca de dos millones de toneladas de correo comercial al año, la mitad del cual ni se abre ni, mucho menos, se lee. Sólo para abrir los sobres de la mitad de cartas restante, dedicamos una media de tres o cuatro horas al año.

Imagine la cantidad de tiempo que malgastamos, cada año, en leer catálogos no solicitados llenos de artículos que no nos sirven absolutamente para nada. Vaya desperdicio de papel. Y menudo fastidio para usted, sobre todo, si se parece en algo a una buena amiga mía que se siente culpable cada vez que recibe una solicitud de fondos para obras benéficas a la que no contesta.

Además de molestias personales, el correo comercial acarrea serias repercusiones para el medio ambiente. Si acabáramos con él, podríamos salvar alrededor de cien millones de árboles todos los años.

Afortunadamente, podemos hacer algo para reducir la cantidad de correo comercial que recibimos cada día.

Primero, solicite por escrito que su nombre no sea facilitado a las compañías de venta por correo. Esto reduciría su correo comercial en hasta un 75 %.*

En segundo lugar, cuando solicite un catálogo, pida que no añadan su nombre a la lista de envíos. O si quiere recibir el catálogo de la compañía, pero no otros, solicite que no faciliten sus datos. La mayoría de las compañías lo tendrán en cuenta.

En tercer lugar, hasta que consiga que eliminen su nombre de las listas de envíos en las que no quiere estar, por lo menos,

* En España, puede dirigirse a la Asociación Española de Marketing Directo. Sistema de Listas Robinson. Avda. Diagonal, 437, 5º 1ª. 08036 Barcelona. ☎ 93 414 05 38 y 93 414 52 72. Fax 93 201 29 88. *(N. del E.)*.

puede repasar su correo sobre una papelera o un contenedor de reciclaje de papel. Aprenda a no tener escrúpulos: en lugar de tener que tirarlo todo más tarde, cuando el desorden esté fuera de control, deshágase de él desde el principio.

Si pudiera reducir, aunque sólo fuera en un 50 %, la cantidad de correo que tiene que manipular al día, ¿no simplificaría eso su vida?

27. CANCELE LAS SUSCRIPCIONES A REVISTAS

Tengo una amiga que lee docenas de revistas de gran tirada cada mes. Disfruta de una profesión interesante y satisfactoria, vive en una casa hermosa, tiene dos hijas guapas y con talento y todos están bien de salud. Tiene éstas y más razones para sentirse colmada. Pero, hace poco, pasó por una temporada en la que le corroía la idea de que no era feliz y de que su vida no era como debería ser.

Un día estuve ojeando el montón de revistas que tenía esparcidas sobre su escritorio. Y, de repente, me di cuenta. Una de las razones por las que pensaba que era tan infeliz era porque estaba comparando su vida con el estilo de vida, poco realista, que retratan estas revistas.

La mayoría de revistas de gran tirada son poco más que vehículos de las agencias de publicidad. Una de sus principales razones de existir es conseguir que compremos los productos que anuncian. Mes tras mes, año tras año, crean expectativas en nuestras vidas de las que, a menudo, no somos ni siquiera conscientes.

De hecho, tal vez con la excepción de la televisión, hay pocos lugares donde la idea del consumismo sin trabas sea más subliminal y más seductora que en la publicidad que se encuentra en estas revistas. Los anunciantes invierten unos cien mil millones de dólares al año en publicidad. No es sorprendente que, por medio del reclamo de páginas y páginas de seductora publicidad a todo color, las agencias decidan las tendencias de consumo y regulen y promuevan nuestra vida social. Nos animan a fumar, beber y conducir coches rápidos, a comprar ropa, joyería, muebles caros y cientos de otros productos que, en su mayor parte, no queremos, que muchas veces no nos podemos permitir y que pocas veces están a la altura de lo que prometen en la publicidad. ¿Existe alguna posibilidad, por remota que sea, de que, por ejemplo, beber Johnny Walker haga a una mujer más atractiva a los ojos de un hombre?

Quizás quiera valorar hasta qué punto las revistas que lee afectan la forma en que gasta su tiempo y su dinero. Si observa que condicionan la mayoría de sus compras, quizás haya llegado el momento de cancelar las suscripciones. Es una de las mejores maneras de reducir el número de mensajes de «¡Compre! ¡Compre! ¡Compre!» a los que está expuesto cada día y de librarse de adicciones consumistas.

28. NO COMPRE EL PERIÓDICO

Tenemos unos buenos amigos que nunca han adquirido el hábito de leer el periódico. Él es físico y ella, artista. Hace poco, compraron un vídeo para ver sus películas preferidas; nunca antes habían tenido televisor. Y nunca han mirado un informativo televisivo. Cuando otros están leyendo las noticias de la mañana, esta pareja se dedica a leer sus novelas preferidas.

Cuando la gente les pregunta con insistencia —lo que ocurre a menudo— cómo pueden soportar no estar al día de las noticias de actualidad, dicen, sencillamente, que las encuentran demasiado deprimentes.

Se mantienen al día en sus respectivas profesiones y sobre lo que está pasando por el mundo mediante las revistas profesionales. Consideran que cada uno de ellos contribuye con su trabajo a la buena marcha del mundo y no se sienten obligados a satisfacer las expectativas de los demás respecto a estar al corriente de la actualidad. Son gente culta, amante de las letras, interesante y vital que, hace mucho, llegó a la conclusión de que leer el periódico no contribuía a su bienestar mental ni emocional.

Si se ha cansado de leer malas noticias, pero no puede enfrentarse a la idea de abandonar la lectura del periódico, podría considerar la posibilidad de dejarlo durante un mes o dos. Personalmente, puedo asegurarle que descansar de las noticias de vez en cuando hace más fácil discernir entre las noticias que quiero, o siento que necesito saber y la información negativa que complica mi vida sin potenciarla.

Una y otra vez, cuando aconsejo a la gente que intente eliminar el periódico de su rutina, la mera idea resulta chocante. Pero a medida que lo comienzan a experimentar, sobre todo si han elegido una actividad satisfactoria para reemplazarlo, encuentran que desacostumbrarse al periódico no es tan difícil como imaginaban.

Reducir la información negativa del exterior, a la que se está sometido a diario, es un paso positivo hacia la simplicidad en la propia vida. La mera idea de que con ello disminuirá también su exposición cotidiana al bombardeo de programación consumista puede ser una razón lo bastante válida como para poner fin a la compra diaria del periódico.

29. OLVÍDESE DEL SISTEMA DE LLAMADA EN ESPERA

Sé que no todo el mundo estará de acuerdo conmigo en este tema, pero no puedo imaginar muchas «comodidades» de la telefonía moderna más irritantes que el dispositivo de «llamada en espera». Este sistema no sólo es una forma brusca y descortés de interrumpir, sino que la gente que lo tiene, ha de pagar por ello. Y, evidentemente, si tiene el servicio de llamada en espera, la compañía telefónica querrá convencerle, además, de que también necesita —por un poco más de dinero al mes— el servicio conocido como «cancelar llamada en espera»; y si ya lo tiene, también necesitará —por una módica tarifa mensual suplementaria— el servicio de «llamada prioritaria en espera».

¿Hemos perdido de tal manera el contacto con el arte de la comunicación que no podemos salir directamente del paso y decir: «Perdone, ¿puedo llamarle más tarde? Estoy esperando una llamada importante ahora mismo». O, quizás, sería más acertado decir: «Lo siento, pero preferiría hablar con otra persona en este momento». ¿Son tan vitales las llamadas telefónicas que recibimos hoy en día que no podemos contentarnos con atender una sola llamada cada vez, sino que tenemos que mantener dos simultáneas? ¿Están todos nuestros esquemas tan fuera de control que tenemos que pagar a la compañía telefónica para mantenernos a raya?

Para pequeñas empresas que quieran evitar el gasto añadido de múltiples líneas telefónicas, quizás sea justificable la llamada en espera. Pero me cuesta creer que hacer malabarismos con dos llamadas en la misma línea haya simplificado la vida privada a nadie. Si está de acuerdo conmigo, cancele este «servicio» y reduzca así su factura telefónica.

30. NO CONTESTE AL TELÉFONO SÓLO PORQUE ESTÉ SONANDO

Sé que existen personas que, por su forma de ser, son incapaces de dejar un teléfono sonar sin contestar a la llamada. Estoy casada con una de ellas. Y admito que me llevó muchos años de uso casi continuo del teléfono llegar a un punto en el que he podido endurecer mi corazón frente a un teléfono que suena. Pero ahora que lo he conseguido, no hay vuelta de hoja.

Es un punto menor en el programa de simplificación, pero sólo porque le convenga a alguien llamarle, en ese preciso momento, no significa que le convenga a usted contestarle. Piense sólo en todas las veces que un teléfono que sonaba le ha sacado de un sueño profundo, de un baño relajante, de una comida caliente, de una conversación interesante, de un trabajo importante, del sexo loco y apasionado o, sencillamente, de una tarde tranquila en una soledad deseada.

Todo lo que puedo decir es que doy gracias de que exista el contestador automático. Con él se tiene la posibilidad de grabar y seleccionar las llamadas para hablar con quien se desee y cuando se desee.

No cabe duda de que el teléfono es una de las mayores comodidades de la vida moderna. Pero también se puede convertir en una de las mayores molestias si no aprendemos a utilizarlo para nuestra propia comodidad.

31. HAGA CASO OMISO DEL TIMBRE DE LA PUERTA

Hay siempre algo tan poco oportuno en el timbre de la puerta cuando suena... Es diferente del teléfono: sea quien sea el que llama, está allí mismo, al otro lado de la puerta. No puedo calcular cuántas veces una llamada a la puerta me ha arruinado una buena cena. A todos nos han enseñado a ser educados con las visitas, aunque no las hayamos invitado. A menudo, no nos importa molestarnos nosotros mismos, y a otros miembros de la familia, y dejar que la cena se enfríe, por ejemplo, por atender a una llamada a la puerta para hablar con alguien al que, incluso, ni siquiera queremos ver.

He llegado a considerar las llamadas a la puerta de la misma manera que el teléfono que suena. Si no he quedado con alguien, o espero a un amigo o una entrega, sencillamente no abro la puerta si la visita es inoportuna. Mis amigos saben que han de llamar antes de venir.

«Pero, ¿y si es el cartero que entrega una carta certificada?», me preguntó una amiga. «¿Alguna vez has recibido buenas noticias en una carta certificada? Si es por mí, puede esperar.» «Pero es de tan mala educación no contestar a la puerta», protestó ella. Ciertamente, nos han educado para pensar así. Pero he llegado a la conclusión de que, de hecho, también es descortés, por parte de la gente, llegar sin previo aviso y esperar que deje todo lo que estoy haciendo para abrir la puerta y atenderles sólo porque a ellos les conviene.

Confieso que hace falta endurecerse un poco respecto al comportamiento social. Pero si, regularmente, le molestan las visitas que llegan sin previo aviso, aprender a dejar sonar el timbre puede facilitarle la vida.

O también se puede considerar la posibilidad de instalar una mirilla, de forma que, por lo menos, pueda saber a quién está franqueando la entrada a su casa y a su propio tiempo.

32. DESHÁGASE DEL TELÉFONO DEL COCHE

Ya saben que no soy aficionada al sonido del teléfono, así que les ruego que me perdonen ciertos prejuicios sobre el tema.

Conozco a mucha gente que se rindió cuando el precio de los teléfonos de automóvil bajaron de los 500 dólares. Algunos, como los cinco o seis agentes inmobiliarios que conozco y que tienen teléfono en el coche, dicen que no podrían trabajar sin él. Pero la mayoría de mis conocidos, incluso algún agente inmobiliario, admiten que los teléfonos de automóvil son otra más de esas «comodidades» que causan más molestias de las que merece la pena.

Primero está la cuestión de la seguridad, que nunca ha sido abordada de forma adecuada ni por los fabricantes, ni por los agentes reguladores, ni por las autoridades, ni por los medios de comunicación.

Más de uno de mis conocidos ha prescindido del teléfono del coche por el riesgo de sufrir un accidente mientras mantenía una importante conversación en ruta, a más de cien kilómetros por hora. Peores aún son los «fantasmas» que están ocupados marcando un número de siete dígitos, mientras sortean el tráfico, en hora punta, con un potente coche con cambio de marchas manual.

En segundo lugar, está la frustración por una tecnología, aún sin perfeccionar, que hace que las conversaciones se desvanezcan y reaparezcan o que se corten si se sale del área de la llamada. ¿Es esto una comodidad?

En tercer lugar, aparte de la seguridad, nos encontramos, una vez más, con la locura de comprometernos a hacer por lo menos dos cosas a la vez. ¿Realmente estamos tan ocupados?

En cuarto lugar, está el gasto. Si, como solía decir mi padre, se tiene más dinero que cerebro, probablemente no hace ningún daño gastarlo en llamadas frívolas que, en la mayoría de los casos, se podrían hacer más fácilmente desde un teléfono fijo. Pero si tiene un presupuesto reducido, podría reconsiderar seriamente qué ahorra con tener un teléfono en el coche.

33. SI NO LE GUSTAN LAS FIESTAS, EVÍTELAS

Las fiestas de Navidad son una de las épocas más estresantes y, por lo tanto, más complicadas del año. Sea sincero, ¿cuántas veces ha tenido —y posiblemente incluso manifestado— el fervoroso deseo de no tener que cumplir con las Navidades comerciales de hoy en día y con todas las compras, los regalos, los preparativos de las celebraciones, las fiestas en el despacho, las cenas en familia, los excesos con la comida, la bebida y el gasto que tanto distan de simplificar su vida y que, de hecho, la complican bastante?

Sé que existe gente a quien le encanta celebrar las Navidades y todas las demás fiestas. Si es usted una de estas personas, magnífico: hágalo y disfrute. Pero si no puede soportar la idea de tener que aguantar otra cena navideña, no está solo. Los estudios demuestran que, para mucha gente, las Navidades son la época más deprimente del año.

Ahora que estamos en los bien informados años noventa, sabemos que todos procedemos de familias disfuncionales. No es nada del otro mundo admitir, finalmente, que las fiestas son una molestia que nos impiden dedicarnos a las cosas que, para nosotros, son realmente importantes.

Imagínese cómo le gustaría pasar el tiempo que, hasta ahora, ha dedicado a estas fiestas —acurrucado en el sofá con un buen libro entre las manos, relajado frente al vídeo, disfrutando de una de sus películas preferidas, de excursión, esquiando o, simplemente, charlando con la familia— y luego dispóngalo todo exactamente a su gusto. Conocemos una pareja con tres hijos adolescentes que han renunciado totalmente a las fiestas y, en su lugar, se van de acampada. Es una oportunidad magnífica de compartir unos días en plena naturaleza y de escapar del asedio comercial que impone artificiosas obligaciones en nuestras vidas. Conocemos a otra pareja que decidió, hace años, que la Navidad era para los niños. Compran o hacen regalos especiales para los niños y, para los adultos, realizan una donación a una sociedad benéfica.

Para realizar esta transición de la forma más fácil e indolora posible, notifique con antelación a toda su familia y a sus amigos que ya no quiere celebrar la Navidad (o cualquier otra festividad), o que, de ahora en adelante, prefiere hacerlo de manera diferente. Y luego explíqueles por qué. Hágales saber que tiene otros planes para esas fiestas.

Tenga en cuenta que no todo el mundo le entenderá y que algunos, incluso, pueden sentirse heridos. Si el sentimiento de culpa se hace difícil de llevar, podría tener que llegar a un compromiso: celebrar, por ejemplo, el día de Acción de Gracias pero no la Navidad.*

Tenga también en cuenta que, aunque algunos puedan fingir enojo, en realidad, es probable que estén encantados de no tener que sufrir otras Navidades, pero están demasiado ligados a la tradición como para admitirlo.

Imagínese, si decide hacerlo ahora, puede librarse de uno de los acontecimientos más estresantes del año. No lo demore ni un instante más. Este año, celebre las Navidades a su aire.

* En nuestro país, resultaría más genuina la opción entre el día de Navidad o el de Reyes. *(N. del E.)*

34. DEJE DE ENVIAR FELICITACIONES DE NAVIDAD

«¿Dejar de enviar felicitaciones de Navidad? ¿Estás de broma? —se quejaba una amiga mía—. ¡Es lo que más me gusta de la Navidad!»

Si usted es como mi amiga y le encanta enviar felicitaciones de Navidad, adelante, hágalo. Esta sugerencia no va dirigida a usted, sino a todas aquellas personas que empiezan a preocuparse, a mediados de julio, de que aún no han elegido sus tarjetas de Navidad; a todos los que van murmurando, a finales de noviembre, que no han tenido tiempo de escribir todas las direcciones, y a todos los que aún andan quejándose, a mediados de diciembre, de que no han tenido tiempo todavía de ir a buscar los sellos y que no saben cuándo podrán llevar las tarjetas a Correos para que lleguen a tiempo.

También va dirigido a la gente que envía las tarjetas con la firma impresa. Recibir una tarjeta de Navidad seleccionada o hecha a mano es un placer. Lo que es sorprendente, en estos tiempos de conciencia ecológica, es que haya personas y hombres de negocios que, año tras año, sigan enviando las felicitaciones de Navidad con la firma impresa, o sellada, o firmadas por su secretaria. Nunca he podido entender cuál es el mensaje que intentan comunicar estas tarjetas, o por qué alguien puede tomarse la molestia de enviar una tarjeta si ni siquiera ha tenido tiempo de escribir la dirección, firmarla y ponerle el sello él mismo.

Para mucha gente, la tarjeta con la firma impresa se ha convertido en el símbolo de lo mal enfocada que está la Navidad. Es impersonal, es comercial, es cara, el mensaje real no es positivo, nos desordena la vida y es un gasto inútil desde el punto de vista medioambiental.

Supongo que nadie que lea un libro sobre la simplicidad se sentirá culpable de esta transgresión, pero si conoce a alguien que sí experimenta este sentimiento, quizás le podría sugerir que, en lugar de enviar felicitaciones, haga una donación a una causa ecológica.

35. LOS REGALOS SIMPLIFICADOS

Tengo una amiga que disfruta de una numerosa familia que celebra los cumpleaños y aniversarios de cada miembro, por no mencionar Navidades y otras fiestas, con un regalo. No pasa ni un mes en el que mi amiga no esté sufriendo por el regalo de un pariente cuyo cumpleaños se acerca. Casi siempre acaba eligiendo algo con lo que no está satisfecha. Normalmente, el receptor tampoco lo está, aunque ninguno de los dos lo admitiría jamás.

Intentando solucionar el perenne problema de los regalos, llegué a la conclusión de que los *hobbits* en la fantasía épica de J. R. R. Tolkien tenían razón: los *mathoms* son la solución. Un *mathom* es un objeto de cualquier valor, que no tiene uso alguno, pero que el dueño no está dispuesto a desechar completamente. Un *hobbit* nunca compraría un regalo, en su lugar, regalaría *mathoms*.

Cuando comenzamos a deshacernos de los trastos en nuestro programa de simplificación (← consejo 1), reservé un estante en el armario de la ropa blanca para artículos que podían considerarse *mathoms*. Incluía cosas como floreros, bandejas, jarras, pequeños cuencos, cajitas decorativas, tostadoras, un mini robot de cocina, juegos que ya no utilizábamos y cualquier artilugio del que me quisiera deshacer (→ consejo 99) y que pudiera ser apropiado.

También avisé a mi familia y a los amigos que a partir de ese día regalaría *mathoms* en lugar de comprar regalos. Considero que si vas a regalar algo que, probablemente, no le servirá de nada a un ser querido, por lo menos debes advertírselo.

Ahora, cuando se presenta una ocasión especial en la que haya que hacer un regalo, busco en el armario un *mathom* apropiado. También persuado a mis amigos para que se lleven estos «tesoros» y los regalen a quien quieran.

Si tiene el don de acertar con sus regalos, por favor, compártalo con los que no lo tenemos. Pero si la elección de regalos le altera los nervios, considere la posibilidad de guardar una caja de *mathoms*. En vez de pasarse infinitas horas buscando, y sufriendo, regalos que nunca serán del todo adecuados, puede ir directamente a su caja de *mathoms* y buscar algo apropiado.

Y, ya que lo mencionamos, una excelente fuente de *mathoms* son todos los regalos que usted ha recibido a lo largo de los años y que nunca han acabado de gustarle.

No se olvide de decirle a sus hijos que formen una caja de *mathoms* con los juguetes y juegos que ya no usan. Consiga que adquieran el hábito de pensar en otros niños, quizás más jóvenes, que estarían encantados con un juguete nuevo. Además, esto crea un proceso de reciclaje natural y es otra lección útil sobre cómo deshacerse del desorden.

36. LOS VIAJES SIMPLIFICADOS

Mi marido se dedica, entre otras cosas, a escribir sobre viajes. En nuestros quince años de matrimonio hemos viajado decenas de miles de kilómetros por todo el mundo. Hemos cruzado océanos enormes en pequeños yates, hemos viajado en tren por regiones desérticas, hemos remado en aguas tranquilas y hecho *rafting* en aguas bravas, hemos caminado por montañas cubiertas de arbustos y hemos paseado por algunas de las mayores ciudades del mundo.

Y si algo hemos aprendido durante todos estos años es cómo viajar ligeros de equipaje y aun así contar con todo lo necesario. Bueno, con casi todo.

El problema que tienen muchos viajeros al hacer las maletas con todo lo que necesitan para un viaje de dos semanas es que también se llevan todo lo que podrían necesitar para un viaje de dos semanas. A continuación ofrecemos algunos consejos para evitarlo.

Al preparar sus vacaciones, comience por hacer una lista con los diferentes tipos de ropa que le gustaría llevar: de vestir, informal, deportiva y de descanso. Luego, elimínelo todo menos la ropa informal, que necesitará en la mayoría de viajes que realice.

Vaya a su armario y escoja toda la ropa informal apropiada —tras simplificar su vestuario (← consejo 22), no tendrá tanta ropa como para hacerle dudar—. Pliéguela y apílela encima de la cama: camisas a un lado, pantalones a otro, etcétera. Luego, vuelva a guardar en el armario por lo menos la mitad de cada montón. Seamos prácticos: si una vez en su destino piensa que necesita algo, en la mayoría de los casos podrá pasar sin ello. ÉSTE ES EL SECRETO DE VIAJAR LIGERO: NECESITAMOS TAN POCO EN REALIDAD QUE SIEMPRE SE PUEDE PRESCINDIR DE ALGO. (También es el secreto de simplificar la vida.)

Utilice sólo ropa de tonalidades oscuras y asegúrese de que cada prenda de vestir que lleve combine con todas las demás.

Siempre, incluso en climas cálidos, lleve consigo una americana, chaqueta o chaleco con varios bolsillos y una que le pueda servir para cualquier ocasión.

Lleve sólo lo que le quepa en una de esas maletas con ruedas que pueden arrastrarse como un carrito, preferentemente las «blandas», de un tejido resistente, menos pesadas que las duras y con más capacidad —aunque si un elefante se sentara encima tendría que comprarse una nueva—. Este tipo de maletas tienen un tamaño que las incluye en la categoría de equipaje de cabina, lo que nos ahorra el tiempo de facturarlas a la ida, y recogerlas a la vuelta, y el riesgo de extraviarlas. Si, además, cuentan con un sinfín de bolsillos exteriores idóneos para guardar billetes, material de lectura u otros objetos, evitaremos tener que llevar bolso. Y lo mejor de todo es que cumplen el reglamento de la Unión Europea sobre equipajes en todos los vuelos nacionales y la mayoría, aunque no todos, de los internacionales.

Use un neceser o una bolsa para cosméticos de medidas razonables que se pueda desplegar y colgar detrás de la puerta o en los toalleros. (Si es un varón, probablemente tendrá ya un neceser sencillo. Si es una mujer y ha aprendido cómo ponerse asombrosamente guapa en diez minutos [→ consejo 90], no necesitará ya un secador de pelo ni demasiados potingues.)

Lleve sólo dos pares de zapatos cómodos, preferiblemente de tacón bajo.

Imagínese lo fácil que sería recorrer medio mundo con sólo una pequeña maleta que se pueda acarrear fácilmente de un lado a otro, vaya donde vaya.

37. TÓMESE UNAS VACACIONES EN CASA

Algunas de las vacaciones más divertidas y más relajantes que hemos pasado mi marido y yo han transcurrido en casa.

Si está al inicio de su programa de simplificación, unas vacaciones en casa son una manera perfecta de comenzar.

Podría empezar sus vacaciones deshaciéndose del desorden en su vida (← consejo 1). Hacer de este paso un proyecto familiar no sólo es divertido, sino también una buena manera de asegurarse de que nadie hace trampas.

Pasar las vacaciones en casa le dará la oportunidad de comenzar un nuevo pasatiempo (→ consejo 53) o poner su hogar a punto para una limpieza rápida (← consejo 3), plantar un jardín (← consejo 6), o llevar a cabo todas esas cosas que hace tiempo que tiene pendientes pero nunca ha podido hacer.

Pasamos unas vacaciones recorriendo nuestra ciudad. Nos dimos cuenta de que muchos visitantes la conocían mejor que nosotros en algunos aspectos. Así que nos tomamos un día y visitamos todas las galerías de arte y todos los museos. Otro día paseamos por las calles del centro; vimos tiendas nuevas y reformas en las viejas de las que no teníamos noticia. Nos tomamos otro día y paseamos por varias zonas residenciales; vimos casas nuevas y anexas a otras antiguas y tuvimos contacto directo con la fauna y la flora de nuestro barrio. También merendamos en la playa y en uno de los parques locales. Todas estas cosas contribuyeron a crear un nuevo sentimiento de orgullo y familiaridad con nuestra nueva ciudad.

Podría tomarse unas vacaciones en casa para ponerse al día con sus lecturas atrasadas. Si quiere descansar de lecturas, podría mirar sus películas preferidas que hace tiempo que quería ver en vídeo. Unas vacaciones en casa representan un momento excelente para organizar un programa sencillo de comidas (→ consejo 57), para comenzar con su plan de ejercicio diario (→ consejo 63) o con la construcción de aquella maqueta de barco que había prometido hace ya tanto tiempo a los niños. O podría tomarse unas vacaciones y aprender a no hacer absolutamente nada (→ consejo 82).

Consejo: a menudo, es mejor decir a los compañeros de trabajo, los amigos, y especialmente a la familia, que estará fuera durante las vacaciones. Si no, corre el riesgo de pasar su tiempo de vacaciones soportando visitas indeseadas o envuelto en problemas ajenos.

Tres

LAS FINANZAS

38. SALDE SUS DEUDAS

Mis padres son supervivientes de la Gran Depresión. A lo largo de toda su vida, han tenido una regla sin excepciones cuando se trataba de la economía: si no tenían el dinero, no compraban. Con la excepción de la hipoteca de su casa, nunca tuvieron deudas. Sencillamente, se negaron a dejarse llevar por la mentalidad que se extendió tras la Segunda Guerra Mundial, que predicaba las excelencias de la compra a plazos y que nos ha convertido en un país de consumidores y endeudados. Cuando necesitaban un mueble nuevo, o un electrodoméstico, sacaban el dinero de sus ahorros para gastos extraordinarios, y si se habían acabado los ahorros, esperaban a haber ahorrado el dinero suficiente.

Muchos miembros de la generación de nuestros padres y nuestros abuelos han vivido así. Si tenemos en consideración que la deuda es una de las principales causas de estrés emocional y psicológico en nuestras vidas, a la mayoría nos haría bien tomar ejemplo de ellos.

Si usted es una de esas personas para quienes las tarjetas de crédito o las letras se han convertido en un problema, puede echar mano de dos soluciones:

1. Puede tomar las medidas necesarias para saldar las deudas por su cuenta. Esto significa sentarse y calcular exactamente cuánto debe y, a continuación, elaborar un plan para pagarlo tan deprisa y tan escrupulosamente como le sea posible, aunque tarde años en hacerlo. También significa que se ha de prometer a sí mismo no volver a contraer deudas en el futuro. Esta solución es factible, pero requiere disciplina, determinación y el compromiso total de abandonar la situación de estrés causada por la deuda.

2. Si sospecha que está demasiado endeudado y comienza a pensar que nunca conseguirá liberarse de su deuda por su cuenta, puede buscar ayuda. Jerold Mundis, en su excelente libro *How to Get out of Debt, Stay out of Debt & Live Prosperously*, ofrece un sistema, avalado por el tiempo, para saldar las deudas. Basado en los principios aplicados por Deudores Anónimos, el programa perfilado en su libro ha sido utilizado con éxito durante años y ha servido para librar a miles de personas de una vida cargada de deudas.

Esta solución requiere también disciplina, determinación y compromiso, pero el libro proporciona un programa de éxito, comprobado con explicaciones, paso a paso, para ayudarle en el camino.

No le puedo prometer que saldar las deudas sea fácil, pero con toda seguridad le facilitará la vida.

39. VIVA CON LA MITAD DE SU SUELDO Y AHORRE LA OTRA MITAD

Se calcula que menos del diez por ciento de los americanos se encuentra en la envidiable posición de tener todas sus necesidades económicas actuales y futuras cubiertas. Un gran porcentaje de la gente que se jubilará a lo largo de los próximos veinticinco años dispondrá de poco más que de su pensión de la Seguridad Social para mantenerse. Y no hay muchos que estén dispuestos a apostar su dinero a que la Seguridad Social sea una fuente adecuada, o incluso viable, de pensiones en los años venideros.

Nos hemos convertido en un país de gastadores en vez de ahorradores. A pesar de ser cierto que muchos se han visto forzados a vivir por encima de sus ingresos, debido al aumento del coste de la vida y a la caída de la moneda, también es cierto que hemos gastado mucho más de lo que deberíamos en artilugios que, en realidad, no necesitamos.

Si ha perdido el control de sus gastos hasta el punto que le es imposible ahorrar una porción significativa de sus ingresos, repase detenidamente en qué gasta su dinero. Si ve que no puede hacer reducciones considerables en sus gastos, empiece reduciendo sólo una cuarta parte durante el año próximo. Después, reduzca otra cuarta parte al año siguiente, hasta llegar gradualmente a la mitad.

Prácticamente la mitad de los consejos de este libro le ayudarán a reducir sus gastos. Vivir sencillamente no se refiere a vivir de manera barata o a sufrir carencias. Al contrario, es una oportunidad de contactar con lo que es realmente importante en su vida y llegar a un nivel de moderación que no sólo le creará un sentimiento de bienestar y seguridad, sino también de control.

Si ha estado viviendo al límite, volver a un punto que le permita guardar una buena porción de sus ingresos cada mes para cubrir sus necesidades futuras le ayudará a recuperar las riendas de su vida y hará mucho por simplificarla.

40. REPLANTÉESE SUS HÁBITOS DE COMPRA

Hace varios años, Gibbs y yo decidimos que necesitábamos un juego de pesas para utilizar en nuestros paseos diarios. Así que fuimos corriendo a la tienda de deportes más cercana y nos gastamos 50 dólares en él.

Durante las dos semanas siguientes, utilizamos el juego seis veces y, luego, lo guardamos y no lo volvimos a tocar jamás.

Seis meses más tarde, regalé las pesas a una amiga que me comentó que se iba corriendo a la tienda de deportes a comprarse un par. Las ha usado una vez y, si no me equivoco, nunca más las volverá a tocar, excepto, posiblemente, para pasárselas a la próxima persona que oiga decir que va a ir corriendo a la tienda de deportes a comprarse unas pesas.

Esto es sólo un ejemplo de las docenas de cosas que hemos comprado, a lo largo de los años, sin que nos hicieran falta en realidad y que, tras un breve período de uso, se convirtieron en una molestia. Sin duda, tendrá su propia lista de compras similares, algunas más caras que otras, pero todas adquiridas debido al mismo síndrome compulsivo del «tengo que tenerlo ya». Nuestras vidas, nuestras casas, nuestros coches y nuestros despachos, están repletos de restos de nuestros hábitos de compra incontrolados.

Cuando Gibbs y yo fuimos capaces de aceptar el hecho de que, una vez más, habíamos comprado otro artículo que no nos hacía falta, decidimos que debíamos replantearnos nuestros hábitos de compra. Así que nos sentamos e hicimos una lista de los cambios que podíamos introducir:

1. Designamos un día a la semana para hacer la compra, incluyendo en la lista los comestibles y todo tipo de artículos realmente necesarios.

2. Ahora, antes de comprar nada, nos lo pensamos dos veces. Gran parte de las cosas que compramos son sencillamente gratificaciones momentáneas. Hemos adquirido el hábito de hacernos la pregunta: «¿Realmente necesitamos este lo que sea?» «¿Cuánto tiempo lo necesitaremos o lo querremos?» «¿Será sólo otra cosa más para guardar en el armario?».

3. Retrasamos todas las compras importantes —y muchas de las de poca monta— por lo menos dos semanas o, incluso, un mes. Normalmente, hacia finales del mes, ya hemos averiguado que no queremos ese artículo en cuestión.

4. Otra alternativa es ver cuánto tiempo podemos pasar sin lo que sea que ahora creemos imprescindible. Hacer de esto un juego fortalece nuestra determinación a no llenar la casa de trastos.

5. Intentamos llegar a una solución creativa, en vez de una solución adquirida, cuando se presenta la necesidad. Por ejemplo, en nuestra propia casa teníamos a mano muchos objetos —libros o unos calcetines llenos de arena— que podríamos haber usado en vez de ir corriendo a comprar unas pesas.

41. CAMBIE SU MANERA DE HACER LA COMPRA

Si le cuesta controlar el deseo de comprar, dificúlteselo. Vaya de compras si quiere, pero deje su dinero, talonario y tarjetas de crédito en casa.

Para muchos, comprar es sólo un hábito. La manera de deshabituarse de algo es reemplazar la actividad no deseada por otra. Haga una lista de las cosas que puede hacer en lugar de ir de compras, de modo que la próxima vez que le entren ganas de gastarse dinero en cosas que no necesita, tenga una actividad sustitutoria preparada.

Por ejemplo, ir a dar un paseo, quedar con un amigo, ir a la biblioteca o tomarse una ducha fría: cualquier cosa para evitar pasar el rato comprando. Aunque, al principio, notará la ausencia de las compras en su vida, existe un sentimiento de liberación estimulante al llegar al punto en el que no tienes por qué comprar.

Recurra a la ayuda de los amigos. Si hay algo que usted ha decidido que le es absolutamente imprescindible, vaya a comprarlo con un amigo que conozca sus hábitos de compra y que le apoye en el deseo de cambiarlos. Pídale que supervise sus compras para que sólo adquiera el artículo que necesite. Asegúrese de que elige al compañero adecuado. Solía ir de compras con una amiga y pasábamos el rato animándonos mutuamente a comprar cosas que ninguna de las dos necesitaba para justificar nuestras propias compras.

Pague todo lo que compre en efectivo. Esto lo hace un poco más incómodo que el pago con tarjeta, pero facilita seguirle el rastro a lo que compra y controlar en qué gasta su dinero.

Procure mirar la publicidad con ojo crítico. Es la «emoción» de comprar lo que es adictivo; cuando la emoción se desvanece, necesitas hacerla reaparecer. Ésa es la base de la publicidad. Una vez se haya dado cuenta del efecto que los publicitarios tienen sobre su dinero, le será más fácil agarrarse a él.

42. REDUZCA SUS NECESIDADES DE BIENES Y SERVICIOS

Uno de los mitos de los años ochenta era que cuantos más bienes tuviéramos y más servicios empleáramos, tanto más sencilla sería nuestra vida. A lo largo de mi proceso de simplificación, he descubierto que es todo lo contrario.

Replantearse los hábitos de compra (← consejo 40), y cambiar la manera de comprar, reducirá los «bienes» que ocupan tanto espacio en su vida. Muchos de los otros pasos descritos en este libro reducirán también su necesidad de «servicios».

Por ejemplo, una vez haya comenzado a simplificar, será tan fácil cuidar su casa que no necesitará servicio doméstico; sus comidas serán tan básicas que no necesitará un cocinero; sus recados, tan organizados, que no necesitará chófer; su vestuario, tan minimalista, que no necesitará un asesor de imagen; sus inversiones estarán tan consolidadas que no necesitará un asesor fiscal; sus compras, tan limitadas, que no le hará falta un servicio de compras; sus salidas nocturnas, tan reducidas, que no le hará falta un canguro; su sistema telefónico, tan directo, que no requerirá un servicio de recogida de llamadas. Habrá eliminado el césped y no le hará falta un jardinero, sus relaciones estarán saneadas y no precisará un psicoanalista, y su salud y mantenimiento físico serán tan fáciles, que no precisará de un entrenador personal.

Sólo con lo que se tarda en elaborar el horario (y no hablemos de lo que se tarda en adaptarlo), organizar el transporte, conseguir que la gente haga las cosas correctamente, organizar los pagos y buscar a alguien que ocupe su lugar cuando se van (que es lo que suelen hacer justo cuando habían aprendido a hacerlo correctamente) es lo bastante «complicado» como para que evite la mayoría de estos «servicios» como si de una plaga se tratara.

Nuevamente se trata de una elección personal. Cada uno tiene que determinar en qué momento los bienes y servicios dejan de hacer su vida más fácil y empiezan a convertirla en una carga. Nuestra propia meta era organizar nuestras vidas para hacernos cargo, fácilmente, de la mayor parte de nuestras necesidades personales y nuestras propiedades. Nos hemos creado un sentimiento nuevo de libertad personal eliminando la mayor parte de los bienes y servicios que antes nos parecían vitales.

43. MANTENGA UNA SOLA TARJETA DE CRÉDITO

En el momento en que decidimos simplificar nuestras vidas, mi marido y yo teníamos nueve tarjetas de crédito. Evidentemente, no necesitábamos nueve tarjetas de crédito porque no las usábamos. Las teníamos porque, sencillamente, como el Everest para el escalador, estaban allí. Podríamos haber tenido muchas más. Llegaban al buzón sin previo aviso y cada vez con más frecuencia. Era fácil añadir una tarjeta más a nuestra «colección», siguiendo el principio teórico de que nunca se sabe cuándo pueden hacerte falta.

De hecho, las únicas veces que hemos utilizado las tarjetas de crédito han sido para cenar fuera y para viajar y siempre hemos pagado la factura entera a finales de mes.

No sólo era molesto supervisar todas esas tarjetas, sino que, además, teníamos que pagar entre 25 y 100 dólares al año por el «privilegio» de mantenerlas.

Al empezar a reducir el correo comercial, me di cuenta de que deshacerse de todas las tarjetas de crédito, menos de una, sería un paso más para simplificar nuestras vidas. Eliminaría, por lo menos, una docena de cartas del banco al mes (además de los balances mensuales, que también incluyen promoción rutinaria) y nos ahorraríamos varios cientos de dólares al año en costes de mantenimiento, además de la complicación de llevar varias tarjetas y usarlas todas.

Evidentemente, cancelamos todas nuestras tarjetas y solicitamos una tarjeta Visa. Utilizamos uno de los numerosos bancos que permiten optar entre pagar una cuota anual de 25 dólares y un interés del 9 % por encima de las primas sobre el descubierto de la cuenta o ahorrarse gastos de mantenimiento anuales a cambio de un interés un poco más alto. Puesto que pagamos cada mes, elegimos la fórmula sin gastos de mantenimiento. Ahora tenemos una tarjeta que no nos cuesta nada y que es muy fácil de controlar.

Tardamos un poco, pero finalmente vimos que una tarjeta de crédito es una comodidad, siempre que no dé más trabajo del que merece la pena.

44. SIMPLIFIQUE SUS CUENTAS CORRIENTES

Muy al principio de nuestro programa de simplificación, caí en la cuenta de que mi relación con los bancos se había descontrolado. Tenía cuatro o cinco cuentas bancarias separadas, que había ido coleccionando a lo largo de los años: una para los gastos de casa, otra para los negocios, una más para los casos de emergencia, otra para inversiones, otra de ahorro. Un amigo banquero me dijo que, actualmente, no es raro que la gente tenga varias cuentas bancarias, en el mismo banco o en diferentes entidades de la ciudad. Como tantas personas con múltiples cuentas bancarias, me engañaba a mí misma al pensar que tener varias cuentas era una comodidad.

En cuanto al exceso de correo que genera la tenencia de múltiples cuentas, no sólo están los balances mensuales de cada una, sino las cartas promocionales adicionales, las ofertas de tarjetas de crédito y otros incentivos que se tienen que cribar del correo verdadero.

En cuanto al banco, no sólo tenía que conformar cada uno de estos balances, sino que, además, tenía que estar al día con cuatro o cinco talonarios diferentes, y controlar cuál de las cuentas se había utilizado y para qué gastos. Más de una vez me había creado problemas al extender talones a cargo de una cuenta equivocada. Luego, claro está, estaba la complicación de asegurarse unos fondos suficientes, en cada una de las cuentas, para cubrir los talones.

Si cree que las diferentes cuentas bancarias son una carga, cancelarlas todas menos una simplificará enormemente sus tareas bancarias. Si le gusta la idea de mantener el fondo de ahorros y el de emergencias separados de sus fondos para la casa —o de cualquiera de las diferentes cuentas que pueda tener—, quizás le interese adoptar mi sistema simplificado de registro de talones descrito en el consejo 45.

45. UTILICE ESTE SENCILLO SISTEMA DE REGISTRO DE TALONES

Cuando, finalmente, me deshice de todas mis cuentas corrientes menos de una, aún encontraba útil clasificar mis gastos por categorías, así que trasladé estas categorías a una cuenta y utilicé el registro de los talones para distinguirlas.

Por ejemplo, ahora mantengo tres categorías en mi cuenta corriente: CASA, AHORROS e INVERSIONES. Uso la hoja de registro de talones que hay en mi talonario.

Ya que la mayoría de los talones son de la categoría CASA, titulo la primera hoja del registro «Casa». Luego, divido la segunda hoja en dos categorías: AHORROS e INVERSIONES.

Para facilitarme la conformación de los balances, incluyo todos los depósitos en la sección de «Casa» y, luego, «transfiero» fondos a las otras secciones, según las necesidades. Para hacer esto, añado una nota en la sección de «Casa» que pone: «Transferencia a "Ahorros"» y, luego, apunto la cantidad concreta en la columna de «Debe» y la deduzco del balance de «Casa». A continuación anoto en la sección de «Ahorros»: «Transferido de "Casa"», e indico la cantidad en la columna de «Depósitos», para luego añadirla al balance de esta sección. Si decidimos hacer una compra con el dinero que hemos guardado en «Ahorros», simplemente, anoto el cargo en el registro de talones de dicha sección y lo resto del total.

Pasa lo mismo con el dinero de la sección de «Inversiones». Cuando tenemos suficientes fondos para hacer una inversión, extiendo un talón, por ejemplo para un fondo de inversiones, registro el talón en la sección pertinente del registro de talones y lo resto del total de la sección.

Cuando se trata de conformar los balances del banco, primero ordeno los talones según categoría (CASA, AHORROS, INVERSIONES) y, luego, repaso cada sección del registro de talones y los voy tachando de acuerdo con él. Puesto que todos los depósitos se computan en la sección de «Casa» del registro, es fácil comprobar que salgan todos en el balance.

Al mantener estas divisiones internas en una cuenta, he conseguido eliminar todas las demás cuentas, talonarios y balances, además de la necesidad de repasarlos todos. Evidentemente, puede crear cualquier otra categoría que se adapte a sus necesidades personales. Pero recuerde: el objetivo es lograr un sistema sencillo.

46. CONSOLIDE SUS INVERSIONES

Durante los últimos quince años, los fondos de inversión se han convertido en el refugio del pequeño inversor. Tengo una amiga que despertó un día y se dio cuenta de que tenía sus inversiones repartidas en más de una docena de fondos diferentes. Claro que sabía que tenía varias cuentas diferentes, pero no se había dado cuenta de hasta qué punto tanta diversidad complicaba su vida. Repasar los balances de las cuentas y estar al corriente de las promociones de cada uno de los fondos era un trabajo abrumador. Pero la cantidad de tiempo que empleaba su contable, cada año, para calcular los dividendos y las ganancias del capital en todas esas cuentas era una auténtica pesadilla.

Las cosas habían comenzado de forma sencilla. Cuando comenzó a invertir, hizo un estudio, encontró unos fondos que consideraba provechosos y abrió cuentas en ellos. Con el tiempo, fue descubriendo otros fondos que también parecían prometedores y así se extendió tanto en sus fondos de pensiones como en las inversiones normales. Cada vez que se enteraba de otra promoción estelar de un fondo, abría una nueva cuenta.

La mayoría de los consultores en inversiones están de acuerdo en que, siempre que se elija un tipo garantizado de fondos, a la larga, casi no importa en cuál se invierta; lo importante es ahorrar e invertir consistentemente cada año. Si quiere diversificar, digamos entre fondos de ingresos, fondos de crecimiento y fondos sin retención fiscal, hágalo dentro de la misma familia del fondo que ya ha elegido.

Mi amiga ha comenzado, gradualmente, a centralizar sus fondos de inversión. Su contable se lo ha agradecido. Su cartero se lo ha agradecido. Hasta el basurero ha aligerado su carga.

47. PAGUE LA HIPOTECA

Si está viviendo en la casa de sus sueños, tiene planes de quedarse allí y el pago de la hipoteca está dentro de sus posibilidades, podría ser el momento de considerar la posibilidad de tomar las medidas necesarias para saldar su hipoteca por anticipado.

Durante años, nos han ido repitiendo que tener una hipoteca merece la pena por el ahorro fiscal que proporciona a los propietarios de una casa. Tendrá que evaluar su situación y, quizás, pedirle a su contable que la revise, pero, cuando haga números verá que, en realidad, el ahorro no es significativo. Además, muchos se han dado cuenta de que la libertad que proporciona tener una casa libre de deudas vale más que cualquier ventaja fiscal.

Hay varios métodos para reducir la hipoteca:

1. Pagar fuertes sumas de una vez. Si, además de su salario regular, percibe otros ingresos en cantidades respetables, considere la posibilidad de usarlos para amortizar anticipadamente la hipoteca. Antes de realizar un pago importante, asegúrese de que la institución que le presta el dinero vuelva a calcular su préstamo para que las cuotas mensuales sean menores.
2. Cancelar capital. Puede reducir la duración de su hipoteca de manera significativa y ahorrar mucho dinero a lo largo de la duración de su préstamo si hace el pago sobre el capital del mes siguiente cada vez que pague su cuota mensual. Precisará de un ejemplar del plan de amortización de la entidad que le ha hecho el préstamo. O, si tiene un préstamo de interés variable, pida los cálculos de amortización del capital del mes siguiente.

3. Puesto que la proporción del pago que se aplica sobre el capital va en aumento con cada factura, puede llegar un momento en el que el pago adelantado del capital supere lo que usted puede abonar. Si eso sucede, sencillamente pague cualquier cantidad que le sea cómodo liquidar sobre la parte correspondiente al capital cada mes. Aun así, ahorrará una cantidad sustancial en pagos de intereses y podrá liquidar la hipoteca antes de lo previsto.

4. Venda su casa y trasládese a otra más pequeña y barata. Según la inversión que haya hecho y el valor de su casa y de las propiedades de la zona donde reside ahora, en relación a la zona donde se trasladaría, es posible que pueda utilizar los beneficios de la venta de su casa actual para pagar su nueva casa o, por lo menos, rebajar de manera significativa la nueva hipoteca. Consúltelo con su gestor.

Todos estos planes de reducción de hipoteca parten del supuesto de que ya ha pagado todas las demás deudas, como tarjetas de crédito o préstamos, y de que dispone de fondos suficientes para emergencias e inversiones. Liquidar su hipoteca antes del plazo previsto no necesariamente simplificará su vida de forma inmediata, pero le ahorrará la eterna presión psicológica de los pagos mensuales de la misma.

48. MEJOR UN COCHE DE SEGUNDA MANO

Cuando se toma en consideración que un coche nuevo pierde gran parte de su valor en cuanto sale de la tienda, uno se pregunta quién, en su sano juicio, se compraría un coche sin estrenar.

Un alto porcentaje de los compradores de automóviles nuevos cambian de coche cada dos o tres años, convirtiéndose en una fuente de coches usados en excelente estado. Muchas veces han sido conducidos con cuidado y mantenidos con mimo, de manera que es relativamente fácil pagar a un mecánico para determinar si tienen algún defecto importante. En general, si un coche va a presentar problemas, lo hará entre los primeros 15 000 a 25 000 kilómetros.

Tenga también presente que, tras dos años, el coche habrá perdido otro porcentaje de su valor original. Así que, si se lo compra directamente al dueño —nunca a un vendedor de coches usados—, puede ahorrar más de la mitad del precio original de venta al público.

Comprar un coche de segunda mano puede ahorrarle dinero y, posiblemente, las gestiones de financiación y los pagos mensuales. Si compra con cuidado, tendrá un coche al que ya le han solucionado los problemas y en el que, probablemente, podrá confiar durante miles de kilómetros de conducción sin problemas.

49. ENSEÑE A SUS HIJOS RESPONSABILIDAD FISCAL

Tengo una amiga que se encontró en la circunstancia de tener que reducir gastos debido a su divorcio. Como parte del acuerdo, aceptó renunciar a su potente coche extranjero y comprar uno un poco más modesto. Se llevó a su hijo de diez años para que le ayudara a elegir el coche nuevo y acabó, siguiendo las encarecidas y poco oportunas recomendaciones del niño, comprando el modelo más caro, con asientos de piel, franjas laterales y acabados dorados. Más tarde, se lamentaba de haber gastado todo ese dinero adicional sólo porque se sentía incapaz de decirle a su hijo que no se lo podía permitir.

Todos queremos lo mejor para nuestros hijos y, ciertamente, hay momentos en los que es difícil decirles que no. Pero no puedo evitar preguntarme qué tipo de lecciones les estamos dando gastando el dinero en flamantes «forjadores de imagen», sobre todo cuando no nos lo podemos permitir.

Al establecer nuevos hábitos de gasto, sea por nuestro propio deseo, por necesidad, o por ambas cosas, también deberíamos estar creando hábitos prácticos de compra en nuestros hijos. Los niños son flexibles y pueden aprender a adaptarse muy bien a límites razonables. Sólo tenemos que asegurarnos de que aprendan cuáles son esos límites.

Enseñe a sus hijos a ahorrar la mitad de su semanada o de sus ingresos por trabajos extras. Los chicos pueden aprender, como aprendemos nosotros, que no tenemos que adquirir todo lo que vemos o todo lo que tienen los vecinos, y que hay que elegir: si el coche tiene los acabados dorados, no hay bici nueva. Los chicos pueden aprender a ajustarse a un presupuesto para que sus gastos no superen sus ingresos. Nuestros hijos pueden aprender, como aprendemos nosotros, que la publicidad va dirigida a estimular nuestras emociones, en lugar de satisfacer nuestras necesidades. Los chicos pueden aprender que si no tienen el dinero necesario, no se pueden permitir según que gastos y que comprar a plazos, muy a menudo, acarrea serios problemas económicos.

Enseñar a nuestros hijos a gastar su dinero adecuadamente es uno de los regalos más valiosos que les podemos hacer. Y con ello, no sólo les ayudaremos a simplificar sus vidas, sino que, también, simplificaremos las nuestras.

Cuatro

EL TRABAJO

50. NO SEA UN ESCLAVO DE SU AGENDA

Empecé a confeccionar listas con las cosas que tenía que hacer cuando era adolescente. A lo largo de los años, he pasado de las sencillas libretas de tamaño reducido a una carpeta de piel negra con tres anillas, un dietario de dos caras para el día a día y hasta separadores para objetivos, prioridades, estrategias, decisiones, comunicaciones, direcciones y números de teléfono, planificadores del futuro, planificadores del pasado, mapas mentales, resúmenes de gastos, información personal, calendarios diarios (y mensuales y semanales y anuales) y un gráfico flotante de organización de prioridades (sea lo que sea eso). Cualquier *yuppie* merecedor del tal nombre conoce éste u otros sistemas similares de organización personal.

En realidad invertí día y medio, y más dinero del que quiero confesar, en aprender a utilizar el organizador. Me obligaba a pasar como mínimo treinta minutos evaluando progresos, tachando las entradas ya registradas y trasladando los temas pendientes a la doble página del día siguiente. Con todos sus componentes, la carpeta pesaba más de dos kilos, ocupaba un metro cuadrado de escritorio y no podía salir sin cargar con ella, por si se me ocurría una idea brillante o por si me acordaba de algo que añadir a mi hoja de planificación de comunicaciones.

Hacía innumerables llamadas cada día, planificaba reuniones a cualquier hora, tenía varios proyectos funcionando al mismo tiempo y, en definitiva, me hacía falta algo para mantener un registro de todos mis asuntos y gestiones. Sólo que, como tantos otros *yuppies*, me había pasado.

Afortunadamente, un día no miré el planificador y me di cuenta de que no quería que mi vida fuera tan complicada. Ése fue el principio de mi programa de simplificación.

Gradualmente, a lo largo de este tiempo he simplificado, no sólo mi casa y mi vida profesional y personal, sino también mi sistema de organización. Pasé de ese mamotreto de dimensiones gigantescas a una agenda de citas que cabe en un bolsillo, pero que se queda la mayor parte del tiempo arrinconada en un extremo de mi escritorio. Hubo fases intermedias, pero, finalmente, llegué a un tamaño y un sistema compatibles con mi nuevo estilo de vida.

Si vive dominado por su sistema de organización del tiempo, quizás haya llegado el momento de considerar qué puede hacer para cambiar la situación y retomar las riendas de su vida.

51. TRABAJE DONDE VIVA O VIVA DONDE TRABAJA

Hace unos años, mi marido trabajaba en una gran área metropolitana y nosotros vivíamos en las afueras, a casi dos horas de distancia en tren. Esto significaba que él, como millones de otras personas, empleaba a menudo más de cuatro horas diarias sólo en desplazamientos entre el despacho y nuestra casa. Normalmente, salía a las seis y media de la mañana y volvía a las siete de la tarde. ¿No le parece una locura? Sí. ¿Por qué es tan habitual, entonces? Mucha gente considera esto «superarse». Finalmente nos enfrentamos al hecho de que estábamos cambiando nuestro presente por un incierto futuro. Así que hicimos algunos cambios importantes en nuestras vidas.

Nos trasladamos a una zona del país donde podíamos vivir en la misma ciudad en la que trabajábamos. Qué diferencia. Ahora tenemos tiempo para desayunar tranquilamente tras un vigorizante paseo de cinco kilómetros por la playa. Gibbs sale de casa sobre las 8.15 y llega a su despacho a las 8.30. Por lo menos una vez a la semana sale temprano del trabajo por la tarde y se pasa varias horas subiendo a la cima de la montaña más cercana para despejarse. Siempre está en casa sobre las cinco de la tarde y, cuando el día alarga, vamos a la playa o damos otro paseo antes de la cena. A veces, pasamos un rato tranquilo leyendo juntos o contemplando una hermosa puesta de sol; cosas que son importantes para nosotros y que nunca podíamos hacer cuando estaba atrapado en un caluroso, maloliente, abarrotado, a menudo lento, y siempre incómodo tren. Estas cosas son también difíciles de realizar cuando uno está atascado en el tráfico de la autopista en una hora punta.

Sí, sin duda hemos perdido algún ascenso en nuestras respectivas profesiones al alejarnos del «centro neurálgico», pero la gran mejora en nuestra calidad de vida lo compensa con creces. Lo único que nos preguntamos es por qué no lo hicimos antes.

52. HAGA LO QUE REALMENTE QUIERE HACER

Pocas cosas nos complican tanto la vida como pasar de ocho a diez horas en un trabajo que no nos gusta o haciendo algo que no queremos hacer.

Desafortunadamente, el proceso de averiguar lo que se quiere hacer, y luego hacerlo, no es forzosamente sencillo. No es como cancelar la suscripción a una revista (← consejo 27), que se puede hacer mediante una llamada telefónica. Disponer de su vida de tal manera que le permita hacer lo que realmente quiere puede tardar meses.

Su tarea se verá facilitada si sabe con certeza qué desea hacer. Sencillamente, tome la decisión de realizar el cambio y, luego, hágalo. El proceso, sin duda, precisará de investigación previa, nuevos contactos, actualizar su currículum vitae, posiblemente volver a estudiar, quizás trasladarse a otra zona de la ciudad o del país, e incluso, en algunos casos, volver a empezar.

Si no sabe lo que quiere hacer, tiene la dificultad añadida de averiguarlo, lo que puede conllevar indagaciones, pruebas, consultas, experimentos y, luego, descubrir la mejor manera de hacerlo. Pero, tras haber tardado dos años en averiguar qué es lo que quería hacer, y en organizar mi vida para poder hacerlo, le prometo que vale la pena cualquier complicación que tenga que sufrir para llegar a ese punto, pues, en definitiva, a la larga simplificará su vida.

53. CONVIERTA SU AFICIÓN EN SU TRABAJO

Una de las maravillosas ventajas de simplificar mi vida es que tengo más tiempo para dedicarme a mi afición predilecta: la lectura. Pero también puede ocurrir a la inversa: buscar tiempo para hacer lo que le apetece puede simplificar su vida.

Hace unos años, mi amiga Sandra, una abogada, se tomó un verano entero de vacaciones para visitar a su hermana, que vive en Italia, en un pequeño y tranquilo pueblo de las montañas. Su hermana la llevó a visitar a un vecino suyo que tenía un taller de escultura. Sandra no sabía nada sobre escultura y, en realidad, tampoco le interesaba mucho, pero como no había otra cosa mejor que hacer, accedió a ir. Entonces todavía no lo sabía, pero había encontrado un campo de interés que cambiaría su vida.

Se pasó el resto de sus vacaciones en ese taller, aprendiendo todo lo que podía sobre el arte de esculpir. Cuando regresó a casa se apuntó a clases de escultura. Reanudó la práctica legal durante el día, pero sus tardes y fines de semana los dedicaba, ahora, a tallar bloques de piedra. Gradualmente, fue adquiriendo las diferentes herramientas que necesitaba y, finalmente, montó un taller en su casa; al cabo de cierto tiempo estaba vendiendo sus trabajos en exposiciones locales. Hace poco, abandonó su bufete de abogados para dedicarse plenamente a la escultura. Hoy expone sus trabajos en galerías de todo el país.

Sandra dice que su vida nunca ha sido mejor —ni más sencilla—. Antes de la escultura, su vida estaba repleta de llamadas, reuniones, disposiciones, resúmenes, asistencias a juicios y un sinfín de otros requisitos que la abogacía implica. Ahora se levanta por la mañana, se viste y se va a su taller a esculpir. Su agente se encarga de todos los detalles mundanos de su trabajo. Claro que el hecho de estar haciendo algo que le gusta de veras también contribuye a la simplicidad en su vida.

Tengo otro amigo que compagina su afición por pilotar helicópteros con su profesión de fisioterapeuta. Montó su despacho en una zona recreativa aislada donde se practica el senderismo y otras actividades físicas y, como consecuencia, hay mucha gente de vacaciones que sufre accidentes y necesita que le trasladen con urgencia al hospital. Simplificó su vida para poder hacer lo que quería y nunca ha estado más ocupado, pero tampoco más satisfecho.

En cualquier caso, si todavía no está haciendo lo que le gusta, empezar por una afición es una de las formas de llegar a ello.

54. TRABAJE MENOS Y DISFRUTE MÁS

Tan pronto como decidí simplificar mi vida, una de mis primeras decisiones en lo referente a mi profesión fue reducir mi jornada laboral en un 10 %. Sencillamente, la planifiqué para finalizarla una hora antes. Me sorprendió lo fácil que me resultó y lo poco que afectó a mi trabajo en términos de productividad. De hecho, mi productividad aumentó. Gradualmente, fui reduciendo aproximadamente una hora más con muy poca disminución de productividad y un gran aumento de satisfacción.

Cuando investigué el por qué de esta paradoja, encontré que había caído en la trampa del «no dejes para mañana lo que puedas hacer hoy», así que continuamente estaba sometida a una presión innecesaria, lo cual no resulta nada divertido.

Poco a poco, aprendí a darles diferentes prioridades a las llamadas telefónicas. No había que contestar a todas inmediatamente; algunas podían esperar un día o dos, otras, hasta una semana. Encontré, para mi gran satisfacción, que algunas ni siquiera hacía falta contestarlas.

En cuanto a los proyectos, aprendí a planificarlos con mayor realismo. Comencé a doblar el tiempo de duración estimado para llevar a cabo determinadas tareas; no sólo resultaba más fácil finalizar las cosas a tiempo, sino que me generaba menos estrés, puesto que no competía en una carrera contrarreloj imposible de ganar.

Decidí reservar un tiempo en mi planificación —por lo menos una hora al día— para interrupciones tales como llamadas telefónicas, reuniones inesperadas, búsqueda de documentos perdidos y otros «ladrones de tiempo» que no se pueden evitar en el mundo actual de los negocios, pero que pocas veces tomamos en cuenta. Esto significaba otra hora más de tiempo «no productivo», pero estas interrupciones siempre habían estado allí. Ponerlas en la agenda, sencillamente, me forzaba a admitir que existían y me ayudaba a reducir la ansiedad consiguiente.

Claro que, como trabajaba por mi cuenta, no tenía un jefe pululando a mi alrededor. Pero cualquiera que lo haya practicado sabe que, muchas veces, preparamos previsiones de trabajo mucho más irreales que las que elaboraría cualquier jefe.

En cualquier caso, trabajar menos —aunque al principio sólo reduzca un par de horas de uno o dos días a la semana— es una manera realista y efectiva de que su jornada laboral cunda más.

55. PONGA FIN AL TRABAJO NO PRODUCTIVO

El trabajo no productivo es el tiempo que dedicamos a sacar punta a los lápices, limpiar los escritorios, hacer llamadas innecesarias, ir a por otra taza de café, organizar la agenda, hacer informes, reunir datos y otras ocupaciones que nos convencemos de que se tienen que hacer antes de dedicarnos al trabajo real. Una cierta cantidad de trabajo no productivo es necesario y no se puede evitar. Me refiero al tipo de trabajo no productivo que se puede evitar.

Hay dos razones que explican el trabajo no productivo:

1. No queremos hacer lo que tendríamos que estar haciendo.
2. No tenemos nada que hacer, pero queremos aparentar estar ocupados.

En la actual era de adicción al trabajo, las labores no productivas alcanzan un grado de complicación impensable. Es el fenómeno que hace que, en muchos casos, parezca imprescindible permanecer entre diez y doce horas en el trabajo.

Una de las primeras cosas que deseché cuando comencé a trabajar menos y disfrutar más (← consejo 54), fue el trabajo no productivo. Es difícil definir exactamente qué podría suponer para el lector, ya que las actividades actuales varían según la persona y el trabajo desempeñado. Pero si usted lo practica a algún nivel, seguro que es consciente de ello aunque, probablemente, no quiera confesarlo en público. Sólo le puedo decir que, cuando se deja de hacer trabajo no productivo, la vida se simplifica, no porque se haga menos, sino porque un porcentaje mayor del tiempo que emplea en el trabajo se invertirá de modo más satisfactorio. Si establece sus prioridades antes de iniciar el trabajo y, luego, no hace nada que no esté en su lista, gran parte del trabajo no productivo se evaporará.

56. INCLUYA A SU FAMILIA EN SU VIDA PROFESIONAL

Tengo una amiga que es una productora de televisión de éxito. Trabaja hasta tarde y es muy buena en su profesión. Está casada con un artista que trabaja en casa y cuida de sus dos hijos pequeños.

Cinco

LA SALUD

Una de las cosas que Catherine y Jack decidieron hacer para simplificar su vida familiar fue involucrar a los niños en su trabajo. Los niños conocen el trabajo de su padre, ya que pueden entrar y salir a su antojo del taller y han estado en las galerías donde se venden sus obras. Por lo menos dos tardes a la semana, Jack lleva a los niños al despacho de Catherine para comer juntos y pasar un rato en el estudio, viendo trabajar a su madre. Conocen a todos los colaboradores de Catherine, y a la mayor parte de sus familias, ya que ella también anima a sus empleados a traer a sus hijos al estudio.

Pese a que tener dos niños pequeños pululando por el despacho en horas de trabajo ha requerido mucha dedicación por parte de sus padres, Jack y Catherine piensan que ha valido la pena. Los niños saben bien qué hacen sus padres cuando no están con ellos y se sienten incluidos en las conversaciones relacionadas con sus respectivos trabajos. Antes de que Catherine comenzara a llevar a los niños a su trabajo, sufrían rabietas cuando se marchaba a trabajar. Ahora que saben adónde va su madre, con quién estará y más o menos lo que estará haciendo, se muestran mucho más dispuestos a aceptar sus salidas diarias para ir al despacho.

Una ventaja añadida e inesperada de llevar a los niños al trabajo, por lo menos para Catherine, ha sido que ayudan a aliviar el estrés de un entorno agitado y exigente. Muchos de sus ejecutivos agobiados encuentran un especial placer en entrar en la oficina y pasar unos momentos con un bebé activo y alegre en brazos o tomarse un tiempo para dar una explicación a un niño curioso que los escucha con los ojos abiertos como platos. La proximidad de los niños ha unido más a la plantilla porque han tenido la oportunidad de conocer los talentos y necesidades especiales de otros miembros de la familia.

Obviamente, no todos los lugares de trabajo están acondicionados para las visitas infantiles. Pero podría ser útil pensar de qué manera puede incluir a sus hijos en su vida profesional. Quizás pueda llevarlos al despacho el fin de semana cuando haya menos agitación. Preséntelos a sus compañeros de trabajo y, si es posible, a los hijos de éstos. Explíqueles qué es lo que hace y enséñeles muestras de su trabajo o de los resultados de éste. Mantener a la familia unida es, ciertamente, una de las maneras de aliviar la complejidad del mundo actual. Implicar a sus hijos en su trabajo es una buena manera de empezar.

57. SIMPLIFIQUE SUS HÁBITOS CULINARIOS

Considero justo confesar que todo lo que sé de cocina es cortar un bocadillo de crema de cacahuetes y mermelada en diagonal. Me doy perfecta cuenta de que mis opiniones sobre hábitos sencillos de alimentación puede que no atraigan a los *gourmets,* pero cuando comenzamos a simplificar decidí reducir, por lo menos a la mitad, el tiempo que dedicaba a cocinar. Ahora, tardo un máximo de diez minutos en ir de la nevera a la mesa. ¿Y por qué razón debería pasar horas cocinando cuando nuestra comida preferida es una bolsa de tortitas de maíz con guacamole?

Además de reducir el tiempo de preparación a la mitad, tenía otro par de metas en cuanto a simplificar nuestros hábitos alimenticios:

1. A pesar de ser, en el fondo, adicta a la comida basura, quería que nuestra dieta fuera sana y nutritiva. Para nosotros, esto significaba principalmente fruta fresca, verduras y cereales.
2. Además, quería que fuera baja en calorías, grasa y colesterol. Nuevamente, eso significaba comer fruta fresca y ver-

dura lo menos elaborada posible y reducir el consumo de carne, sobre todo de carne roja.

También quería eliminar totalmente las comidas procesadas de nuestra dieta. Ahora nuestros menús son más o menos así:

Desayuno: zumo fresco de naranjas, u otra fruta de la temporada, y muesli o magdalenas caseras (→ consejo 61).

Comida: fruta fresca y/o ensalada vegetal, con un bocadillo de pan integral con pavo asado en lonchas, rodajas de aguacate y tomate y soja germinada.

Cena: una enorme ensalada fresca o sopa fría, como gazpacho, en verano. Una nutritiva sopa de verduras y ensalada en invierno; o verdura al vapor con arroz.

No hay sorpresas aquí. Básicamente, es la comida que los especialistas en dietética y salud han estado recomendando durante años. La única sorpresa para nosotros era que, al simplificar nuestra dieta de esta manera, redujimos a la mitad el tiempo de preparación y los gastos mensuales en comida. Cada vez que hago la compra con la lista del ordenador (← consejo 41) me maravilla ver todas las cosas que no compramos. Y ahora que estamos cerca de eliminar la comida empaquetada de nuestra dieta, hemos reducido en gran medida la cantidad de basura que tenemos que tirar cada semana.

58. COMPARTA SIEMPRE LA COMIDA DEL RESTAURANTE

Cuando mi marido y yo nos casamos, no nos parecía gran cosa salir a cenar a los restaurantes una o dos veces por se-

mana. Cada uno pedía un aperitivo, luego nos hinchábamos comiendo pan recién horneado (bien untado con mantequilla, claro) mientras esperábamos las ensaladas y la primera botella de vino. Cada uno pedía un plato principal, por ejemplo entrecot con verduras y una patata al horno (con mantequilla y salsa). Luego, rematábamos con un postre de mil calorías y una copa de licor. ¡Esos días se han acabado para siempre!

Gradualmente, la báscula fue marcando cada vez cifras más altas, hasta que nos dimos cuenta de que teníamos que realizar algunos cambios. Tuvimos que experimentar bastante, pero, a la larga, hemos encontrado un sistema que funciona.

Los dos hemos dejado de beber alcohol, nos cansamos de tener resaca al día siguiente, y preferimos guardarnos las calorías para el postre. Hemos aprendido (con pesar) a pedirle al camarero que se lleve el cesto del pan recién hecho y la mantequilla. Ahora, compartimos el plato principal o, si no llegamos a ponernos de acuerdo, cada uno pide un primer plato. Esto y una ensalada suele ser más que suficiente para una persona, especialmente cuando pedimos un postre —compartido, claro está.

Hay pocos restaurantes que hayan aprendido a servir porciones razonables para la gente que se preocupa por su salud y su peso. Aún más raro resulta el local que tiene en cuenta el hecho de que las mujeres, en general, necesitan porciones más pequeñas que los hombres. Conozco a pocos amantes de rebañar el plato que, cuando se enfrentan a un plato colmado de lo que puede ser su comida preferida, pueden resistirse a comer hasta la última miga.

Hoy en día, la mayoría de los restaurantes le permitirán compartir el plato principal. Y aunque le carguen un extra por ello, vale la pena pagarlo, teniendo en consideración que si pide un plato entero y sólo se come la mitad, el resto va directo a la basura y, si se lo come todo, va directo a su cintura. Si se encuentra en un restaurante que no sirve raciones «humanas» o donde no permiten compartir el plato, no lo frecuente y explique a la dirección sus motivos.

Nos encanta comer fuera de vez en cuando. Compartir la cena lo hace posible, sin tener que sentirnos culpables y sufrir las molestias de comer demasiado.

59. HAGA UN AYUNO DE ZUMOS O FRUTA UN DÍA A LA SEMANA

Otra manera de simplificar los hábitos alimentarios es comer sólo fruta fresca o zumos frescos un día por semana.

Lo había hecho durante años antes de casarme. Elegí los sábados porque era el día de la semana menos exigente. Normalmente me encontraba en casa, donde tenía fácil acceso a la licuadora y podía recrear la sensación de un fin de semana en un balneario, relajándome y tomándomelo con calma.

Tras mi boda, cambié mi día de la fruta al lunes. No sólo había cambiado mi fin de semana, con un marido y una familia instantánea, sino que comer únicamente fruta los lunes parecía equilibrar los excesos de nuestros fines de semana y nos ayudaba a mantener la línea.

Ahora que hemos simplificado nuestros hábitos alimentarios, aún mantenemos días de fruta con regularidad. Una de nuestras recompensas preferidas es una bebida hecha con una manzana, un plátano, un par de naranjas, un puñado de fresas o arándanos, o quizás un melocotón fresco. Obviamente, cualquier fruta fresca de su elección funcionará. Lo mete-

mos todo en la licuadora y apretamos el botón. Resulta una mezcla fresca que sacia el hambre como cualquier comida.

60. ELIJA BEBER AGUA

Los líquidos más consumidos por orden de preferencia son café, refrescos, refrescos sin azúcar, leche, bebidas alcohólicas, bebidas de fruta y tés e infusiones.

Hay muchas razones para hacer del agua la bebida preferida, pero, quizás, la de más peso es que pocas de las demás bebidas son buenas para la salud. Todos conocemos los muchos y variados problemas asociados a cualquiera de esos refrescos líquidos. En gran medida tienen que ver con los aditivos potencialmente dañinos que contienen los refrescos y las bebidas sin azúcar. Me cambié casi exclusivamente al agua cuando me di cuenta, hace años, de que las demás alternativas eran altas en calorías. Fue una elección personal, decidí que prefería guardarme las calorías para algo más parecido a una *mousse* de chocolate.

Si no hiciera nada más que sustituir los otros líquidos de su dieta por agua, podría fácilmente perder entre cuatro y seis kilos en un año. Si, además, padece de sobrepeso, ésta puede ser una razón lo bastante poderosa como para cambiarse al agua.

Si el agua del grifo de su localidad es buena y limpia, probablemente no le hará falta comprar agua embotellada. El agua del grifo en nuestra zona es terrible, así que tomamos agua embotellada que, comparada con cualquiera de los líquidos mencionados anteriormente, es barata y asequible. Con hielo y una rodaja de limón, la preferimos a otros refrescos.

Si está acostumbrado a beber líquidos estimulantes o de sabor fuerte, el agua puede parecer aburrida al principio.

Pero, tras tomar agua durante una temporada se preguntará cómo ha sido posible que prefiriera esos refrescos empalagosos, con gas o cafeína, a los que muchos nos hemos hecho adictos. Además, le sorprenderá la reducción de envases de vidrio y latas para reciclar.

Si tiene hijos, uno de los favores más grandes que les puede hacer es alejarlos de los refrescos con gas. Algún día se lo agradecerán.

Consejo. Recuerde que el café y las bebidas que contienen cafeína y gas son adictivas, así que tendrá que prepararse para resistir los efectos físicos y psicológicos que comportan. Aunque no sea un gran bebedor de café, dejarlo de un día para otro puede, a veces, causar severos síntomas de abstinencia, como dolores de cabeza, depresión y nausea. Comience reduciendo su consumo a la mitad, la primera semana y a un cuarto, la segunda. Cuando llegue a la tercera deberá poder dejarlo del todo sin efectos secundarios.

61. COMA UNA MAGDALENA DE HARINA INTEGRAL

Hace varios años, tras unos análisis rutinarios de sangre, tanto mi marido como yo encontramos que teníamos niveles muy altos de colesterol. Tras informarnos sobre el tema, decidimos reducir de manera significativa nuestro consumo de carne roja. Y comenzamos el consumo de salvado de avena.

Reemplazamos nuestros desayunos del fin de semana con huevos y bacon por crepes de arándanos, harina integral y jarabe de arce (pero sin mantequilla). Gibbs también comenzó a experimentar con recetas de magdalenas integrales y, finalmente, desarrolló su propia versión baja en calorías que cito a continuación. Meses después de introducirlas en nuestra dieta, nuestros niveles de colesterol habían bajado hasta situarse dentro de una escala aceptable y, como ventaja añadida, ambos habíamos perdido peso.

Cada semana, más o menos, preparamos una doble ración de magdalenas —alrededor de dos docenas—. Con todos los ingredientes a mano, tardamos unos diez minutos en hacer la masa, y otros quince minutos en hornearlas (esto excede mi regla de los diez minutos del consejo 57, pero ya que son las provisiones de dos semanas, se justifica).

Estas magdalenas están deliciosas acompañadas de fruta o cereales para desayunar, con ensaladas o sopa al mediodía y como tentempié bajo en calorías y alto en fibra entre comidas. Son tan deliciosas que parece mentira que sean, también, saludables. Cualquier día nos dirán que lo de asustarnos tanto con el colesterol fue un engaño y que la harina integral causa delirios danzantes en los ratones, o algo así. Mientras tanto, seguimos disfrutando de esta delicia sencilla y saludable.

LAS MAGDALENAS DE HARINA INTEGRAL DE GIBBS

- *2 tazas y 1/4 de salvado de avena*
- *1 cucharadita de levadura*
- *1/4 de taza de azúcar o jarabe de arce*
- *2 cucharaditas de almendras ralladas*
- *un puñado de pasas o arándanos*
- *1/4 de taza de coco rallado (opcional)*
- *1 taza y 1/4 de leche descremada*
- *2 claras de huevo*
- *2 plátanos grandes y muy maduros, o una taza de piña fresca troceada*

Combine todos los ingredientes secos en un cuenco. Haga un puré con los demás ingredientes y mézclelos bien con los ingredientes secos.

Rellene los moldes con las magdalenas, dejando un poco de espacio para cuando la mezcla se eleve. Si usa arándanos, es más fácil rociarlos sobre la pasta una vez en el molde.

Se hornean a 200 °C hasta que estén doradas (unos quince minutos). Salen aproximadamente una docena de magdalenas.

Cuando se hayan enfriado, las introduciremos en bolsas y las congelaremos. Cuando queramos una, la introduciremos en el microondas durante 30 segundos en la posición más alta.

62. PREPARE SU PROPIO ALMUERZO

Esta idea nació como autodefensa contra las comidas de negocios y el habitual piscolabis rápido del mediodía.

Si, como a mí, le encanta comer y tiene tendencia a pasarse cuando pide la comida en un restaurante, sólo existe una solución frente a las comidas de negocios: no las haga. Esto puede afectar sus relaciones de negocios —aunque existen alternativas— pero hará maravillas en su cintura y su presupuesto.

Las alternativas a las comidas de negocios son los desayunos de negocios —donde puede pedir sólo un zumo fresco de naranja, una rodaja de melón, o agua mineral—, las reuniones de media tarde o de antes de la cena. La otra alternativa es practicar la contención cuando se selecciona el menú, pero ya que tengo tan poca disciplina cuando se trata de comida, no le puedo aconsejar cómo conseguirlo.

Preparar su propio almuerzo en vez de comer en restaurantes o comer cualquier cosa rápida tiene varias ventajas. Primero, puede controlar lo que come. Puede llevarse fruta fresca, verduras o bocadillos y no tener que preocuparse por estar a merced de los productos *light* y altamente procesados, de la mayoría de comidas preparadas.

En segundo lugar, puede controlar cuánto come. ¿Cuántas veces se ha sentido abrumado por la cantidad de comida que hay en el plato que el camarero pone delante de usted? ¿Y cuántas veces se lo ha terminado porque no se podía llevar las sobras en una bolsita y no podía soportar la idea de que lo tirasen?

Prepárese la comida únicamente después de desayunar, cuando ya no tenga hambre.

En tercer lugar, no existe la menor duda de que prepararse la comida es más barato que comer en restaurantes o bares.

Podría argumentarse que preparar la comida es una cosa más en la lista de los quehaceres diarios. Pero si lo tiene en cuenta en su lista de ordenador de la compra (← consejo 4) y hace de ello una rutina, la preparación en sí es mínima. Lo mire como lo mire, en prepararse la comida se tarda menos que en ir a un restaurante, esperar a que le adjudiquen una mesa, hacer el pedido, esperar a que lo traigan, comer, esperar la cuenta, discutir con su compañero de comida sobre a quién le toca pagar hoy, pagar la cuenta, esperar el cambio y volver a la oficina.

No olvide incluir una manzana en su comida casera. La manzana es un alimento casi perfecto. No sólo está repleto de vitamina C, entre otras, minerales y nutrientes que su cuerpo necesita, también es rica en fibra y no contiene grasas. La pectina de las manzanas puede calmar estómagos estresados y es un sustituto aceptable del cepillado de los dientes después de comer. Una manzana, o incluso dos, para comer el lunes es un antídoto excelente a un fin de semana de excesos culinarios.

Además, la manzana lleva su propia envoltura, es fácil de transportar y se puede conservar mucho tiempo. ¿Qué puede resultar más sencillo?

63. PRESCINDA DE LOS APARATOS DE GIMNASIA Y DE SU ENTRENADOR Y SALGA A CAMINAR

Hay una secuencia maravillosa en la película *Alice,* donde un *yuppie* muy a la moda tiene que volver a fijar la hora de su cita con su entrenador personal, al que no puede acudir hasta después de su sesión de Rolfing y, por ello, tiene que cambiar la hora de visita a su quiropráctico. Luego, tiene que ir al club para recibir un masaje y sus lecciones de Shiatsu, que quiere realizar tras su rutina en el Nautilus, pero antes de que el sueco camine sobre su espalda.

Esto es una leve exageración de los rigurosos programas de ejercicio físico a los que muchos nos sometemos. ¿Nos hace bien todo ese ejercicio? Podría ser así si fuéramos constantes, pero el camino a la flaccidez está sembrado de buenas intenciones. La mayoría de las veces, la bicicleta estática nueva pronto es olvidada y se queda en un rincón de la habitación, ocupando sitio en su vida y haciéndole sentirse culpable. Otro posible final serían los anuncios de las revistas de objetos de segunda mano. Cada día que no se utilizan estos equipos de ejercicio, o no se amortiza la cuota de socio en el gimnasio, el nivel de culpa aumenta, lo que sólo sirve para incrementar el nivel de estrés en nuestras vidas.

Hemos llegado a tales extremos de adicción al comportamiento compulsivo y competitivo que hasta lo hemos extendido al ejercicio, que, teóricamente, hacemos para relajarnos y para mejorar y mantener nuestra salud. Ahora es el momento perfecto de abandonar la rutina impuesta por los aparatos deportivos de alta tecnología y salir a dar un paseo.

Caminar no requiere ningún aparato caro, ni ropa nueva, ni asociarse a clubes y es uno de los mejores ejercicios que pueden practicarse. Estudios realizados por el Instituto Nacional de la Salud norteamericano han demostrado, sin lugar a dudas, que un paseo diario, o tres veces por semana, de treinta minutos proporciona todo el ejercicio aeróbico necesario para mantenerse en forma. Un buen paseo vigoroso no sólo revitaliza el corazón, los pulmones y el sistema respiratorio, sino que también despeja la cabeza y serena el alma. Además, proporciona cada día una oportunidad excelente para entrar en contacto con la naturaleza, escuchar el trino de los pájaros, disfrutar las estaciones, saludar amablemente a los vecinos, llevar el perro a pasear o sencillamente tener unos momentos para disfrutar y apreciar la soledad.

Inténtelo durante un mes. Levántese media hora antes por la mañana y dé un paseo, haga buen o mal tiempo. Si no le gusta pasear solo, convenza a su pareja o a un amigo. O llévese a sus hijos en sus paseos diarios; es una excelente forma de enseñarles la importancia de practicar ejercicio de forma regular. Una vez lo haya hecho durante un mes, comprométase a hacerlo durante seis meses. Cuando haya caminado regularmente durante medio año, hay muchas posibilidades de que lo siga haciendo toda la vida.

Existen pocas cosas que beneficien más el alma y nada tan fácil, poco estresante y más beneficioso para su cuerpo.

64. LEVÁNTESE UNA HORA ANTES

El mejor momento del día es la hora inmediatamente anterior a la de levantarse. Si usted es como la mayoría de la gente, habrá determinado la hora de levantarse con la intención de tener el suficiente tiempo para vestirse, desayunar un poco, echar una ojeada a los titulares o el telediario de la mañana y, probablemente, llevar a los niños al colegio para llegar al trabajo a las ocho y media o las nueve. Evidentemente, no le queda mucho tiempo para entretenerse.

Imagínese lo agradable que sería si tuviera una hora adicional cada mañana para hacer alguna de las cosas que hace tiempo que le gustaría hacer, como dar una vuelta (← consejo 63) o establecer su propia rutina (→ consejo 67) o, sencillamente, tener tiempo suficiente para un relajado desayuno en familia.

Contar con una hora adicional, especialmente si la utiliza para hacer algo diferente a trabajar, es una manera muy efectiva de aliviar el estrés y sentir que tiene mucho más tiempo a lo largo del día. Los estudios han demostrado que necesitamos menos sueño a medida que nos hacemos mayores. Es posible que una hora adicional de vigilia por la mañana le beneficie más que alargar innecesariamente sus horas de sueño.

Si nunca ha tenido la oportunidad de disfrutar de la calma previa al amanecer, le aconsejo vivamente que lo experimente mañana mismo. Le maravillará la riqueza, la paz y la sencillez que puede añadir a su vida.

65. ACUÉSTESE A LAS NUEVE UNA NOCHE A LA SEMANA

Un amigo me sugirió esta idea hace varios años. Me atrajo inmensamente y Gibbs y yo la incorporamos a nuestro programa de simplificación. Hicimos del viernes el día en que nos acostamos a las nueve. No sólo es un final satisfactorio a una agitada semana de trabajo, sino que nos prepara para un fin de semana relajante. Toda la semana esperamos la llegada de nuestra tranquila noche del viernes.

Si ha reducido sus salidas (← consejo 23), es posible que se quede en casa los viernes de todos modos, así que podría ser una buena noche para empezar. El domingo también es una buena noche para estar en la cama a las nueve ya que, normalmente, hay poca actividad los domingos por la noche y un sueño extra puede ser un buen preparativo para la ocupada semana que le espera.

Sea cual sea la noche que elija, la inversión en sueño le proporcionará excelentes intereses. Se notará más descansado que las noches que se queda hasta tarde y la energía suplementaria de la que gozará le permitirá un mayor rendimiento en el trabajo y en el ocio.

Puesto que una de mis debilidades es dormir, me extrañó que la idea no se me hubiera ocurrido antes. Finalmente, me percaté de que la ética protestante del trabajo por la que me rijo, en buena medida, me hacía sentir como algo casi indecente acostarme temprano si no me encontraba mal. Muchos de los antiguos *yuppies* con los que lo he comentado han tenido la misma reacción.

Ocurre una cosa asombrosa cuando comienzas a simplificar tu vida: muchas de esas creencias, que valoras pero que te restringen —como la ética del trabajo de los protestantes: «A quien madruga, Dios le ayuda», «No guardes para mañana lo que puedes hacer hoy»— empiezan a ejercer una menor influencia sobre ti. Comienzas a darte cuenta de que no pasa nada por relajarse y no hacer nada o, incluso, acostarse temprano sólo porque te apetece.

66. TÍRELO TODO MENOS LAS ASPIRINAS

Hace varios años estuvimos en Nueva York de viaje de negocios en pleno invierno y pillé un resfriado. No tuve tiempo para ir corriendo a la farmacia a comprar mi medicina habitual para el resfriado. Todo lo que llevaba conmigo eran aspirinas, así que eso es lo que tomé para ir pasando. El resfriado me duró tres días; luego desapareció. Punto.

No me lo podía creer. Mis resfriados siempre me han durado entre diez días y dos semanas. Siempre. Pero siempre había tomado medicamentos para el resfriado. Comencé a preguntarme si existiría alguna conexión. ¿Duraban más mis resfriados por tomar medicamentos específicos para curar los resfriados?

En la siguiente ocasión que cogí un resfriado, resistí la tentación de tomar mis medicamentos habituales. Sólo tomé aspirinas. Nuevamente, el resfriado apenas duró unos días.

He discutido esta idea con docenas de amigos y conocidos y muchos de ellos han empezado a usar aspirinas en lugar de medicamentos para el resfriado, con idénticos resultados positivos. Además de sus virtudes como analgésico y antipirético, actualmente se cree que la aspirina previene el infarto masculino, reduce el riesgo de cierto tipo de embolias, la mortalidad entre los que han sufrido un infarto, alivia el dolor y la inflamación, previene enfermedades de las encías, la presión arterial alta en las mujeres embarazadas y las migrañas recurrentes.

Soy la primera en admitir que este breve historial no constituye un estudio epidemiológico de este fenómeno, pero me alegré al leer una noticia reciente que apoyaba mis teorías. Según este informe, los expertos médicos han informado a un subcomité del Senado norteamericano de que los antihistamínicos que se encuentran en la mayoría de medicamentos vendidos sin prescripción son inútiles y suponen un riesgo sanitario innecesario. Han aconsejado al FDA (Food and Drug Administration, organismo oficial norteamericano de la Comida y los Medicamentos) que retire los antihistamínicos de los medicamentos contra el resfriado.

En otro informe reciente, el FDA declaró, sencillamente, que cientos de los ingredientes que componen los medicamentos de venta libre en farmacias no tienen ningún efecto.

Quizás sea el momento de acercarse al armario de los medicamentos con decisión. Piense seriamente en deshacerse de todo menos de las aspirinas. Eso significa tirar colirios, pomadas para los oídos, pastillas para la acidez, jarabes para el estómago, preparaciones contra las hemorroides y todos los productos restantes, incluidos medicamentos con prescripción, como somníferos y tranquilizantes, en los que gastamos miles de millones cada año.

Si sus ojos están enrojecidos, en lugar de colirios, que sólo enmascaran los síntomas, averigüe cuál es la causa y, a continuación, evítela. Si tiene acidez, deje de comer alimentos indigestos o despídase de ese trabajo tan estresante.

Si cambiáramos nuestro modo de vida, evitaríamos muchas enfermedades y, al eliminar los síntomas, haríamos innecesarios decenas de medicamentos.

67. CREE SUS PROPIOS RITUALES

El tipo de ritual al que me refiero es cualquier cosa especial que puede hacer con regularidad, que le guste y cuyo recuerdo le acompañe.

Tengo una amiga que ha desarrollado un ritual especial al levantarse por la mañana. Se despierta unos minutos antes del amanecer y se prepara un té especial, justo como a ella le gusta, con leche y miel. Luego, sea invierno o verano, llueva o haga sol, se lleva el té y la enorme colcha de su cama al porche de su casa.

Allí, envuelta en su colcha, se toma el té, contempla el amanecer y escucha el sonido de la naturaleza. Nunca deja que nada interfiera en ese momento tranquilo y sagrado. Sabe que aunque el resto del día sea agobiante, guardará el delicioso recuerdo del amanecer.

Es posible que haya trabajado tan duramente y que se haya movido tan rápido durante la jornada que no haya tenido tiempo de disfrutar de un solo momento de intimidad en todo el día. Si éste es su caso, piense ahora mismo en cuántos rituales verdaderamente especiales podría crear, solo o con su familia, que harían que cada día fuera memorable. Y luego póngalos en práctica.

68. APRENDA A REÍR

Posiblemente el estudio más popular sobre la risa y sus efectos sobre nuestras vidas y nuestra salud sea el escrito por Norman Cousins y publicado en su libro *Anatomy of an Illness.**

El señor Cousins sufría una rara enfermedad de los tejidos conjuntivos que le debilitaba completamente. Puesto que no encontraba ni cura ni alivio alguno con los trata-

* Consúltese *Anatomía de una enfermedad*, Ediciones Kairós, 1993.

mientos médicos modernos, decidió curarse a través de la risa.

Se metió en la cama, provisto con todas las películas y todos los libros de risa que pudo conseguir. Funcionó. Su cura fue notable, aunque ni comprendida ni investigada por la comunidad médica tradicional.

De niños reímos con naturalidad, pero, gradualmente, perdemos esa capacidad al hacernos adultos. Parecer ser que, cuando más desenfrenada es nuestra vida, más nos alejamos de nuestra capacidad de reír y divertirnos. Felizmente, la risa, como montar en bicicleta, es algo que se vuelve a aprender fácilmente.

En nuestra comunidad tenemos la fortuna de contar con una risoterapeuta internacionalmente reconocida, la doctora Anette Goodheart, que ha estado impartiendo clases con éxito durante quince años.*

La risoterapia se está haciendo más popular a medida que los médicos se dan cuenta de sus muchos beneficios. Si no existe ningún lugar en su localidad donde pueda recuperar la risa, piense en las cosas que le hacen reír. Luego, haga acopio de libros y cintas que le resulten cómicas y mírelas o escúchelas regularmente, especialmente en momentos de tensión; si funciona, intente hacerlo más a menudo. La risa reduce el estrés, alivia la tensión y calma el corazón airado. Imagínese lo sencilla que sería su vida si aprendiera a responder con risa ante situaciones de estrés, en lugar de sentir frustración, ira o resentimiento.

* En España hay varios especialistas en risoterapia: el escritor y estudioso del fenómeno humano de la risa Mario Satz imparte seminarios en Barcelona: ☎ 93 321 90 71. En las Baleares, María Luisa Becerra realiza también seminarios de la risa en grupo: ☎ 971 37 10 20. *(N. del E.)*

69. APRENDA YOGA

El yoga es otra técnica que, sola o combinada con la meditación, le ayudará a simplificar su vida.

Los principios de hatha-yoga (práctica centrada en el aspecto psicofísico del individuo) se han practicado durante siglos y aumentan la vitalidad, reducen el cansancio, mejoran la eficacia, intensifican la concentración y generan paz interior. Todas las edades son buenas para aprender yoga. Fortalecerá su cuerpo, lo hará más firme y mejorará su tono muscular, además de tranquilizar su mente.

Tuve la buena suerte, hace unos años, de estudiar yoga con un adepto. He practicado el yoga constantemente por sus ventajas físicas, mentales y psíquicas.

Una vez haya aprendido un número suficiente de posturas básicas, verá que son fáciles de recordar y de practicar durante toda la vida. Si, de vez en cuando, le falta tiempo para practicarlo, completar sólo unas cuantas posturas de estiramiento, combinadas con la respiración adecuada, bastará para obtener resultados positivos.

El yoga es fácil de aprender a partir de libros y cintas de vídeo, que son muy asequibles, o asistiendo a clases en grupo o particulares que se ofrecen en la mayoría de localidades.

La combinación de las posturas de yoga y la respiración correcta, por su misma naturaleza, le ayudará a atenuar un nivel elevado de estrés.

70. APRENDA A MEDITAR

A pesar de atraerme la idea de la meditación, toda mi vida me he resistido a practicarla. Nunca podía estar quieta el tiempo suficiente. Ahora que he simplificado mi vida, la meditación se ha convertido en una parte fundamental de mi rutina diaria. Muchos tienen una experiencia opuesta: una vez han aprendido a meditar, encuentran que, gradualmente, empiezan a simplificar sus vidas. Tanto si primero simplifica, y luego aprende a meditar, como si empieza a meditar, y luego a simplificar, o incluso si emprende las dos cosas al mismo tiempo, encontrará que la meditación es un método efectivo para mantener una vida sencilla.

Esto no significa que aprender a meditar sea fácil, ni que sus resultados sean inmediatos. Pero, tanto los beneficios físicos como los psicológicos de un programa de meditación son bien conocidos y están perfectamente documentados. Incluyen una mayor capacidad para resolver los problemas cotidianos, a los que todos nos tenemos que enfrentar, y una calma y serenidad que pocas disciplinas confieren. La mayoría encuentra que la meditación produce más energía, ayuda a conciliar el sueño regenerador, aumenta más la capacidad de concentración y otorga un sentimiento general de bienestar.

Hay muchos libros y cintas excelentes disponibles que puede utilizar para aprender a meditar. El método más fácil, y para mí el más efectivo, está descrito en el libro *How to Meditate*, de Lawrence Leshan.*

Aprender a meditar le dará una nueva visión de su vida y le ayudará a hacerse una idea clara de cómo quiere vivirla.

* Consúltese *Cómo meditar: guía para el descubrimiento de sí mismo, Ediciones* Kairós, 1986.

71. MODERE LA VELOCIDAD AL LÍMITE ESTABLECIDO POR LA LEY

Fue un corredor de carreras de coches profesional el que me enseñó a conducir en mi juventud. Esto puede o no tener algo que ver con el hecho de que siempre he conducido rápido. Lo consideraba una ventaja mientras llevaba una vida a toda marcha, donde parecía que todos los demás se movían, tanto a pie como sobre ruedas, a velocidades vertiginosas. Ya avanzado mi programa de simplificación, me di cuenta de que, aunque en casi todas las otras áreas de mi vida había moderado la marcha, aún conducía como si compitiera en las carreras.

Decidí cambiar mi forma de conducir. He tenido que aprender a conducir más lentamente y, hacerlo, me ha llevado a disfrutar más al viajar en automóvil, porque ahora tengo la oportunidad de ver, oír y sentir más cuando voy al volante. Tengo más paciencia con los otros conductores, lo cual me ha ayudado ha reducir el estrés de la conducción. Paradójicamente, parece que moderar la velocidad me ha dado más tiempo para pensar, para reflexionar y para disfrutar de la vida.

Seis

LA VIDA PERSONAL

72. RELACIONES MÁS SANAS

Crear una vida sencilla no siempre es fácil. Algunos pasos, como poner fin al correo comercial o tirarlo todo menos las aspirinas, son fáciles y se pueden llevar a cabo en cuestión de minutos. Otros, como mudarse a una casa más pequeña o sanear sus relaciones, suelen tardar más y pueden contarse entre las cosas que más me costó realizar.

Me refiero a un matrimonio o a una relación que no va a ninguna parte y que le está causando estrés o dolor. Si, actualmente, mantiene una relación de este tipo y ha intentado arreglarla y no lo consigue, rompa con ella. Si no tiene fuerzas suficientes para tomar esa decisión por su cuenta, consiga ayuda. Hable con un terapeuta o únase a un grupo de apoyo que se comprometa con su felicidad y su bienestar. Si no puede encontrar a un grupo así, fórmelo por su cuenta. Reunirse con regularidad con gente que está atravesando por las mismas dificultades y que se ha comprometido con el crecimiento interior, puede proporcionarle el ímpetu necesario para dejar atrás una relación que no funciona.

Sanear las relaciones incluye también las amistades. Quizás sea el momento de plantearse el final de una amistad que ya no le dice nada. Terminar con una amistad, al contrario que terminar con un matrimonio, no requiere, necesariamente, una importante confrontación o discusión. A veces, es más fácil retirarse y, sencillamente, desaparecer de la vida de alguien.

Cuando se piensa en ello, acabar con una relación difícil puede ser relativamente sencillo. Es la decisión de romper lo que resulta complicado muchas veces. Nada de lo que pueda hacer simplificará su vida tan rápida y completamente como poner fin a una mala relación.

73. SEA USTED MISMO

¿Se ha parado a pensar alguna vez sobre cuánta energía se emplea —y hasta qué punto se complica la vida— fingiendo ser alguien diferente? Todos lo hacemos. Es consustancial al ser humano y también constituye una de las principales características del veloz estilo de vida de los años ochenta.

Un ejercicio que recomiendo es sentarse y repasar las áreas más importantes de su vida y decidir hasta qué punto sería diferente si a la única persona a la que tuviera que impresionar fuera a usted mismo. ¿Tendría una profesión diferente? ¿En qué tipo de casa viviría? ¿Tendría un coche diferente? ¿Cómo se vestiría? ¿Cómo pasaría su tiempo libre? ¿Se casaría con la persona con la que se ha casado? ¿Tendría los mismos amigos?

Muchas veces asumimos varias capas de fingimiento, y no tanto a causa de nuestras propias necesidades, sino a causa de las de otros.

¿Cuántas veces somos infieles a nosotros mismos a causa de las presiones de nuestra familia, las exigencias de nuestra pareja, las súplicas de nuestros hijos?

Si su estilo de vida refleja las ideas de otra persona sobre cómo debería ser su vida, tómese unos momentos para imaginarse lo sencillo que sería si dejara de fingir y aprendiera a ser usted mismo.

74. CONFÍE EN SU INTUICIÓN

¿Alguna vez se ha encontrado en una situación que sabía con certeza que no le convenía? Sin duda existían todo tipo de razones fehacientes que le indicaban que debía seguir adelante, pero había algo que no le acababa de convencer. Si hizo caso a su intuición, probablemente, se alegró más tarde. Si no lo hizo, seguramente, se arrepintió.

Todos nosotros llevamos dentro una suave vocecita interior. Desafortunadamente, nuestros estilos de vida se han hecho tan veloces que muchos hemos dejado de escucharla.

Durante años, cuando me enfrentaba a una decisión importante, hacía una lista de todos los pros y los contras y, luego, tomaba una determinación de acuerdo con ello, pensando que esa era la manera lógica de actuar. Con frecuencia, se demostraba que la lógica no tenía nada que ver.

Una de las cosas que he aprendido al reducir la marcha en mi forma de vivir es que, si hago caso de mi intuición, no hace falta que confeccione ninguna lista, sencillamente sé lo que tengo que hacer.

Tengo un amigo que, cuando no puede decidir entre una opción A y una opción B, sencillamente, se inclina por cualquiera de las dos y, luego, escucha a su vocecita interior que le dice si está o no contento con la decisión. Se ha preocupado especialmente por enseñar este método a sus hijos para que puedan aprender, desde el principio, a fiarse de su intuición.

Deshacerse del desorden en su vida (← consejo 1), aprender a decir «no» (→ consejo 84), pasar un día al mes en soledad (→ consejo 77), hacer un retiro anual (→ consejo 79) y muchas de las otras ideas de este libro contribuirán a moderar su ritmo de vida y le ayudarán a restablecer el contacto con su intuición. Aprender a confiar en ella le permitirá mantener una vida equilibrada.

75. SI NO ES FÁCIL, NO LO HAGA

Uno de los muchos cambios positivos que han sido resultado de mi programa de simplificación es que he aprendido que si algo es difícil, es mejor no hacerlo.

Muchos hemos crecido con la idea errónea de que si algo marcha mal (una transacción comercial, una asociación o cualquier tipo de empresa) todo lo que tenemos que hacer es trabajar más duramente y, de alguna manera, solucionaremos el problema. La fe en esta creencia ha inducido a millones de personas a optar por lo difícil y ha creado una gran cantidad de infelicidad que podría haberse evitado. Evidentemente, hay una diferencia entre el trabajo duro que produce resultados maravillosos y satisfactorios y el trabajo duro que, simplemente, sabes que no te llevará a ninguna parte.

Es inútil buscar la cuadratura del círculo. Hace falta valor para reconocer que algo en lo que has estado trabajando, quizás durante mucho tiempo, no funciona y claudicar. Cuando miro mi vida retrospectivamente veo que las cosas que me han funcionado bien han sido, en gran parte, relativamente fáciles y las cosas que no han funcionado tan bien han sido, en su mayor parte, difíciles; sencillamente no tenían que ser. He aprendido que si algo no funciona, es mejor pasar a otra cosa y emplear mis energías en algo más provechoso.

Piense en lo sencilla que sería su vida si eliminara las cosas difíciles —las cosas que, probablemente, no tendrían que ser de todas maneras— y se concentrara en hacer lo que es fácil.

76. NO INTENTE CAMBIAR A LA GENTE

Tengo una buena amiga que se metió en un lío terrible hace unos años del que aún intenta salir. Pero, de hecho, no lo intenta con tanta energía como yo. He pasado mucho tiempo frustrada y malgastando muchos esfuerzos, a lo largo de los años, intentando hacerle ver cómo podría mejorar su vida. Las soluciones a sus problemas eran muy evidentes, por lo menos para mí. En el fondo, lo que pasa es que, aunque dice que quiere cambiar, en realidad, no le interesa tanto hacerlo.

Una de las cosas que me han resultado evidentes desde que empecé a moderar mi ritmo de vida es que la gente hace lo que quiere hacer. Entender eso me ha posibilitado entrever la fina línea que establece los límites entre apoyar a la gente y meterse en sus asuntos. En el fondo, no podemos cambiar a la gente; cambian cuando están preparados. Al final, todos tenemos que salir de nuestros apuros por nuestra cuenta. En la mayoría de los casos, lo que quiere la gente es un oyente comprensivo.

Ahora escucho. Y con ello he simplificado mi vida y reservo mucha energía para actividades más placenteras y productivas.

77. PASE UN DÍA AL MES EN SOLEDAD

Si ya pasa bastante tiempo solo, o si ya ha realizado suficientes cambios en su vida para que ya no esté sometido a las presiones que la hacían tan difícil, es posible que ya esté disfrutando de toda la soledad que necesita.

Pero si sus días están repletos de familia, de amigos, de tráfico, de ruido, de exigencias, de compromisos, de pedidos, de presiones, de fechas límite, de agendas y de un desfile sin fin de gente, quizás quiera valorar la posibilidad de pasar un día, o incluso un fin de semana al mes, en solitario, totalmente alejado de las obligaciones cotidianas que tanto complican su vida.

Pasar un día en soledad puede implicar cualquier cosa, desde hacer una excursión por la montaña, a estar sentado tranquilamente en el banco de un parque. Puede significar pasar un día visitando museos o galerías de arte, o un día rebuscando en las estanterías de su biblioteca local. No implica necesariamente alejarse de toda la gente, sólo de la gente que sabe que le exigirá.

Pasar tiempo lejos de la constante descarga de presiones a las que nos enfrentamos nos puede devolver el contacto con la realidad y puede ayudarnos a aliviar las tensiones de la vida cotidiana. Después de todo, librarnos de los agobios de la vida moderna es, en esencia, lo que se persigue al simplificar la vida.

Consejo: si no está acostumbrado a tomarse tiempo para sí mismo, es posible que tenga que explicarle a su pareja y/o a los miembros de su familia su deseo de pasar un tiempo solo y qué se propone con ello. Es importante que los que están cercanos a usted entiendan su necesidad de soledad para que no se sientan marginados o rechazados.

78. ENSEÑE A SUS HIJOS LA ALEGRÍA DE LA SOLEDAD

Cualquiera que tenga hijos sabe que las presiones sobre los niños de hoy son enormes. El alcohol, las drogas de todo tipo, el sexo, el sida, las bandas, las armas y la violencia, por no mencionar el constante estímulo, muchas veces intrusivo cuando no destroza directamente los oídos, de los estúpidos programas de televisión, las películas agresivas, la música rock, los cantantes de rap, los cafés, los juegos de ordenador y las salas de videojuegos. ¿Cómo es posible para un joven de hoy encontrar paz espiritual, aprender a entrar en contacto con sus propios sentimientos o averiguar lo que realmente le importa, ante la cantidad de estímulos que recibe?

Una manera sería que los chavales aprendieran, desde temprana edad, a reservarse momentos de tranquilidad para sí mismos. A medida que usted aprenda a pasar tiempo en soledad, enseñe a sus hijos a hacer lo mismo. Llévelos a caminar por la naturaleza, de acampada lejos del incordiante ruido de la vida urbana. Convierta en un ritual la contemplación de una hermosa puesta de sol juntos.

O enséñeles cómo pasar una tranquila tarde en casa. Reserve una hora determinada de la semana para alejarse de la incesante influencia de sus semejantes y del estruendo de la era electrónica. Fortalézcalos con buenos libros (pero nada de televisión) y con ejercicios de meditación que puedan realizar y les hagan pensar, para que vayan adquiriendo el hábito de la reflexión personal y aprendan a buscar las respuestas dentro de sus propios corazones.

El hecho de que sus hijos disfruten del placer de la soledad será un regalo que les acompañará a lo largo de toda su vida. Imagínese lo sencilla que será ésta cuando, al aprender a disfrutar de la soledad, aprendan a respetar también sus propios deseos al respecto.

79. HAGA UN RETIRO UNA VEZ AL AÑO

Si encuentra difícil destinar tiempo para su soledad, considere la posibilidad de hacer un retiro anual. Creo que existen pocas cosas tan beneficiosas para mi alma como escaparme en solitario durante tres o cuatro días y alejarme no sólo del desorden material al que nos enfrentamos todos, sino del desorden emocional, psíquico y social.

Es sorprendentemente fácil hacerlo. No hace falta que esté relacionado con ningún tipo de organización religiosa; un retiro en un balneario o en un hotel puede ser muy efectivo. Irse por su cuenta para contemplar su vida no es necesariamente caro. Uno de los retiros más refrescantes que he hecho recientemente fue una acampada en la montaña. Supuso una oportunidad largamente esperada, tanto de entrar en contacto con la naturaleza, como con mi mente. Es increíble lo que un par de días rodeada de la belleza, la paz y la tranquilidad de la naturaleza pueden hacer por uno.

Además, existen docenas de pequeñas y, a menudo, elegantes casas de retiro por todo el país que ofrecen un alojamiento sencillo pero cómodo, durante tres o cuatro días, a precios razonables. Muchas de ellas son antiguos monasterios o conventos que han sido reconvertidos en centros de retiro sin orientación religiosa. Sus directores se comprometen a proporcionar un lugar tranquilo para el crecimiento personal y espiritual.*

* Puede encontrar retiros a su medida en alguna de estas guías: *Alojamientos en monaterios* (editado por El País Aguilar), *Balnearios con*

80. ESCRIBA UN DIARIO

Escribir un diario es otra manera efectiva de mantenerse en contacto con la manera en que quiere vivir su vida.

Un diario puede ser tan libre o estructurado como desee. Puede incluir reflexiones aleatorias e ideas sobre el mundo y el lugar que usted ocupa en él. También puede ser un método formal de mantener un registro diario de sus pensamientos y sentimientos como un medio hacía el crecimiento espiritual. Puede ser algo que escribe cada día, o lo puede utilizar esporádicamente cuando su estado de ánimo, o la necesidad, así lo requiera. Puede ser un diario de sueños, un diario de ideas, un diario de dieta, un diario de creatividad, un diario de ira o un diario de salud. Puede estar repleto de pensamientos que quiere compartir con otros o tan privado como desee.

Muchos programas de los institutos o de las escuelas para adultos norteamericanas en diferentes localidades ofrecen cursos sobre cómo escribir diarios. Formar parte de una clase de escritura de diarios es una excelente manera de trabajar con otras personas que están aprendiendo a utilizar esta técnica de manera efectiva en sus vidas. Se trataría de compartir ideas de nuevos y diferentes tratamientos que le podrían servir.

O, sencillamente, coja un bolígrafo y un cuaderno y desarrolle su propio sistema de escribir un diario, que sirva para ayudarle a mantenerse en contacto con lo que es importante para usted.

---

encanto (El País Aguilar), *Anuario de turismo rural en España y Portugal* (Susaeta Ediciones), *Guía de alojamientos de turismo rural* (Anaya). *(N. del E.)*

81. HAGA UNA SOLA COSA A LA VEZ

Todos conocemos la imagen del moderno *yuppie* que va disparado por la carretera en su BMW mientras habla por teléfono con la oficina y saca una nota urgente del fax del coche. Está a punto de cerrar un importante negocio con el ejecutivo que está sentado a su lado, si es que llega a tiempo a la reunión de presentación de la venta en el despacho de su cliente, al otro lado de la ciudad.

O la joven ejecutiva que está pasando un fin de semana relajante en casa, mirando la televisión con su familia. Mientras está cambiando los pañales del bebé mantiene una conversación de trabajo con su jefe y retiene en espera la llamada de su suegra. En cuanto haya acabado con las llamadas, finalizará el Juego de la Pesca con su hijo de tres años para que los niños puedan terminar la cena antes de que lleguen los diez invitados a la cena de negocios de su marido, que ella se ocupa de preparar.

Cada uno de nosotros podría contar su propia versión de la locura que invade nuestras vidas. ¿Abarcamos realmente más si intentamos hacerlo todo a la vez? Quizás. ¿Realmente importa? Probablemente no. ¿Somos más felices con este ritmo frenético? Definitivamente no. ¿Hay algo que podamos hacer? Sí. De la misma manera que aprendimos a hacer diez cosas a la vez, podemos, gradualmente, aprender a hacer las cosas de una en una.

Comience con una lista. No la lista de LO QUE TENGO QUE HACER HOY que guarda en su agenda, sino una lista nueva de las cosas realmente importantes. Divida la lista en dos y luego seleccione lo más importante y hágalo. Entonces, y sólo entonces, repase la lista y vaya haciendo cada cosa, una tras otra. En la medida que sea posible, no permita distracciones ni interrupciones. Tras el primer par de semanas considere todo un éxito si consigue, de nuevo, partir en dos la cantidad de cosas que se proponga hacer cada día.

Con un poco de disciplina, y cierto autocontrol, puede aprender a hacer una sola cosa cada vez. A hacerla mejor, y a estar más contento haciéndola.

82. NO HAGA NADA

No haga nada. Suena tan fácil. Después, vuelvo a pensar en mi frenético estilo de vida de hace unos años, el de antes de decidirme a simplificar. Tenía listas kilométricas de cosas por hacer, citas y reuniones sin cesar, y un sinfín de llamadas telefónicas; cada momento del día estaba organizado, hasta mis horas de sueño. Y recordé lo que tardé en llegar a un punto en el que podía realmente no hacer nada. Tardé un poco, es más difícil de lo que parece.

Si no está acostumbrado a no hacer nada, ¿cómo se empieza? Lo mejor es reservarse una hora. Puede escoger entre la hora de la comida, una hora al final de la jornada de trabajo o la hora extra que obtendrá levantándose antes de lo habitual (← consejo 64).

Si comienza a la hora de la comida, vaya a un lugar tranquilo y quédese sentado. No se trata de un no hacer nada del tipo de leer un libro, hablar con los amigos o hacer punto. No se trata de meditar. La idea es estar con lo que sea que tenga en la cabeza sin tener que actuar.

Otra manera efectiva de aprender a no hacer nada es quedarse en la oficina o en casa, rodeado de todas las cosas que debería estar haciendo y no hacerlas. Si no lo ha probado antes, le puede costar varios intentos superar el sentimiento de culpabilidad o la necesidad, casi incontrolable, de empezar a hacer algo.

Poco a poco, puede ir aumentando el tiempo de no hacer nada hasta disponer de, por lo menos, medio día o un día completo una vez al mes, o más si es posible. Una vez domine el arte de no hacer nada, se asombrará de la claridad que aportará a su vida o a cualquier proyecto que tenga en marcha. Es increíblemente refrescante.

Ahora, por lo menos, tengo un día o dos al mes en los que no hago nada. Pocas cosas podrán darle mejor perspectiva de las cosas que aprender esta habilidad. Le aconsejo vivamente que empiece ya a no hacer nada.

83. TÓMESE TIEMPO PARA MIRAR LA PUESTA DE SOL

La puesta de sol siempre ha sido mi momento preferido del día. Antes de simplificar mi vida, frecuentemente, me encontraba demasiado ocupada para disfrutarla. Ahora que mi mundo es más sencillo, casi nunca me pierdo el que suele ser uno de los acontecimientos más espectaculares de la Tierra.

Hay algo tan cautivador en la puesta de sol, especialmente cuando el tiempo y las condiciones atmosféricas conforman, con la luz solar, cúmulos de nubes y colores vistosos que confieren otra tonalidad a la vida. Vistos a la luz del sol poniente, nuestros problemas parecen menores, aunque sólo sea durante unos momentos.

Lo maravilloso de las puestas de sol, y otro tanto se puede decir del amanecer, es que tienen lugar cada día, y aunque la puesta de sol en sí no sea espectacular, marca el principio del fin de un día más. Es un momento fantástico para detenerse y prestar atención. Enseñe a sus hijos a disfrutar de la belleza de los amaneceres y también de las puestas de sol. Es un espectáculo muy barato y mucho mejor que la televisión.

84. SENCILLAMENTE, DIGA QUE NO

Una de las promesas que nos hicimos cuando decidimos simplificar nuestras vidas fue reducir mis compromisos sociales con la gente ajena a mi círculo de amigos y familiares cercanos. Finalmente he llegado a un punto en el que, si alguien me invita a hacer algo que no deseo o a pasar una velada con gente que no me interesa, sencillamente digo que no. Gracias, pero no.

Entre semana mis días están dedicados, en su mayoría, a mi trabajo e inevitablemente hay obligaciones a las que tengo que atender. Pero mis noches y fines de semana son míos. Han llegado a ser sagrados y aprender a decir que no a cosas que no quiero hacer los mantiene inmaculados.

Si tiene problemas a la hora de decir que no, lea el libro *When I Say No, I Feel Guilty,** de Manuel J. Smith. Este éxito de ventas le dará las herramientas verbales que necesita para reducir sus compromisos y volver a apropiarse de su tiempo.

85. SI NO PUEDE DECIR QUE NO, OFREZCA EXCUSAS RAZONABLES

¿Alguna vez se ha encontrado atrapado en una reunión social a la que no hubiera asistido si hubiera contado con una

* Consúltense Cuando digo no, me siento culpable, Grijalbo, 1993; y *Sí, puedo decir no*, Grijalbo, 1991. *(N. del E.)*

buena excusa cuando le invitó la anfitriona? Nos ha pasado a la mayoría de nosotros.

Tengo una amiga que, durante años, no ha sabido decir que no. Sally es una mujer fuerte y dinámica que regenta un negocio con éxito y que nunca ha tenido ningún problema en manejar una plantilla de veinte personas, encargarse de manera decidida de los distribuidores, o tener reuniones de igual a igual con altos ejecutivos. Pero, en cuanto a su vida social, siempre había sido muy fácil de convencer. Lo sabía, pero no soportaba herir los sentimientos de otra gente.

Sin embargo, recientemente, se encontraba sufriendo en otra cena más. Se dio cuenta de que, si hubiese tenido preparada una excusa socialmente aceptable cuando Marta la llamó para invitarla, estaría en casa en ese mismo momento, acurrucada en el sofá con un buen libro. En ese mismo instante, decidió que nunca más volvería a decir que sí cuando quería decir que no.

Así que ha aprendido a disculparse. Elaboró una lista de excusas para cualquier ocasión que ha colocado al lado del teléfono en su casa y en la oficina. Ahora, cuando la llama la gente con invitaciones a fiestas a las que no le interesa asistir, está preparada. También ha desarrollado el hábito de tener un par de excusas a mano para defenderse de conocidos que podría encontrar casualmente en la calle o en el supermercado. Finalmente, se ha reconciliado con la idea de que, sólo porque alguien le caiga bien, no necesariamente tiene que sacrificar su tiempo libre para estar con esa persona, si no quiere.

Ha aprendido que una excusa sencilla es la mejor: «Gracias, Marta, pero tengo planes para el sábado por la noche». Y también ha aprendido a no añadir «quizás en otra ocasión», porque sabe que las Martas del mundo lo tomarán al pie de la letra.

No hace falta decir que su vida social se está desvaneciendo rápidamente, pero tiene más tiempo libre que nunca para hacer cosas que son importantes para ella.

86. DÉSE DE BAJA EN LAS ORGANIZACIONES CUYAS REUNIONES LE ATERRAN

Mientras que yo nunca he sentido predisposición por afiliarme a ninguna organización, Gibbs pasó por una época en su vida en la que se afiliaba a cualquier tipo de grupo que le invitara. Una de las cosas que hizo cuando comenzamos a simplificar nuestra vida fue darse de baja de los grupos que realmente ya no le interesaban.

Es asombroso lo rápido que se acumulan, prácticamente sin darnos cuenta, las afiliaciones —y las obligaciones y sentimientos de culpa que las acompañan—. Los gastos económicos son una cosa, pero es peor la frustración de trabajar con aficionados, muchas veces desorganizados y fanáticos, o intentar desesperadamente entablar conversación con gente cuya única conexión con su vida pasa por un interés, estrechamente limitado, que puede debilitarle tanto emocional como psicológicamente.

A continuación le sugiero un modo de escapar. El primer paso es reunir todas las tarjetas de socio que tenga (puede que se asuste al ver lo numerosas que son). Haga dos grupos. El más pequeño consistirá, con toda seguridad, en organizaciones que reúnen por lo menos dos de las siguientes tres exigencias:

1. Ser miembro es un imperativo profesional.
2. Espera sus reuniones con impaciencia.
3. Nunca tiene que justificar que es miembro.

Dése de baja de todas los demás. O si le cuesta darse de baja directamente, deje de pagar las cuotas con toda tranquilidad. Encontrará que habían acaparado una importante porción de su tiempo libre.

87. APRENDA A REINTERPRETAR EL PASADO

¿Alguna vez se ha encontrado recordando un acontecimiento o una circunstancia inquietante de su pasado y sintiendo que nunca lo podrá remediar? Y puede ser cualquier cosa, desde un altercado con un compañero, a la disolución de su matrimonio. Puede haber ocurrido hace años o ayer mismo. Sigue pensando en ello, deseando haber obrado de otra manera. Su recuerdo le atormenta, pero sufrir por ello no le servirá de mucha ayuda.

Una de las cosas que he podido hacer como resultado de moderar la marcha de mi vida es dejar de recordar el pasado. He llegado a la conclusión de que, en el fondo, no hay errores. He adquirido el hábito de reinterpretar los acontecimientos de mi vida —tanto si en apariencia son «buenos» como si son «malos»— como circunstancias poderosas que, finalmente, me llevarán a donde quiero ir.

Rememorar constantemente los acontecimientos del pasado sólo sirve para complicarse la existencia. Reinterpretarlos como pasos positivos hacia delante, que suponen un movimiento en la vida, mantendrá las cosas sencillas.

88. CAMBIE SUS EXPECTATIVAS

Los años ochenta crearon muchos objetivos y expectativas, a veces poco realistas. Era algo aceptado que debíamos luchar por conseguir las casas más grandes, los coches más rápidos, los mejores trabajos, los salarios más altos, los futuros más prometedores, los matrimonios más felices, las casas más organizadas, los hijos más inteligentes y mejor instruidos, la última moda, y todos los chismes y artilugios de la era espacial que el dinero podía comprar. No siempre ha funcionado así. Algunos han trabajado cada vez más duro y opinan que no se han cumplido todas esas expectativas. Otros las han superado, pero eso no les ha hecho felices.

Tenemos un conocido que está atrapado por sus expectativas. Tiene una casa y un coche grandes, pertenece a los clubes de moda de la ciudad, tiene una carrera de alto voltaje... Pero se siente fatal. No le gusta su trabajo, pero no puede ni imaginarse dejarlo porque es el trabajo que hace posible mantener el estilo de vida a lo grande que piensa que se ha «ganado» y al que tiene derecho.

Gran parte de nuestro programa de simplificación, de hecho, tenía que ver con cambiar de expectativas. Cuando nos mudamos de ciudad para huir de las cuatro horas diarias de transporte público y para vivir donde trabajamos (← consejo 51), tuvimos que cambiar nuestras expectativas sobre nuestros objetivos en nuestras profesiones.

Nos preguntamos, en ese momento, si las habíamos disminuido, pero las cuatro horas adicionales que el cambio añadió a nuestro día, y la tremenda mejora en la calidad de vida, recompensó con creces cualquier tipo de pérdida en cuanto a la promoción en el trabajo. Y tal como nos ha ido, los dos hemos experimentado cambios en nuestras profesiones, que son ahora mucho más satisfactorias, aunque muy diferentes a nuestras expectativas originales.

Si piensa que no ha conseguido todos esos objetivos, o si los ha superado y aún no es feliz, quizás sea el momento de admitir que una vida con éxito no es como se la había figurado. Mantenerse agarrado a las expectativas generadas en los ochenta es una manera segura de complicarse la vida; abandonarlas y establecer sus propias prioridades simplificará enormemente su vida.

89. REVISE SU VIDA CON REGULARIDAD PARA MANTENERLA SENCILLA

Mantener una vida sencilla requiere cierto grado de vigilancia. No es realista pensar que, aplicando todos los pasos para simplificar su vida y a partir de ese momento, se mantendrá automáticamente sencilla. En primer lugar, muchos de nosotros tenemos viejos hábitos que son difíciles de erradicar. En segundo lugar, nuestras culturas no están estructuradas para acoger fácilmente a los que eligen la vía de la simplificación. Están los constantes mensajes, desde los medios de comunicación, de nuestras familias, de nuestros amigos, y de los vecinos que nos apremian a comprar este artilugio nuevo o a probar ese juguete o, de una manera u otra, volver a la vida de ritmo desenfrenado. Muchos de esos mensajes parecen irresistibles. Algunos son válidos, otros no. La elección es sólo suya.

Tenemos unos amigos que decidieron simplificar sus hábitos alimenticios. Los dos eran grandes gastrónomos y exquisitos cocineros y tenían prácticamente cada instrumento de cocina conocido por la raza humana. Cuando hicieron inventario de los enseres de cocina (← consejo 1), se deshicieron, entre otras cosas, de los aparatos de hacer vino, la prensa eléctrica de tortillas, la combinación de cafetera de *capuccino* y de *expresso*, el calentador de leche, la máquina de hacer pasta y la batidora de tamaño industrial con más de cuarenta accesorios. Pasaron muchos meses celebrando su recién estrenada liberación de los catálogos de baterías de cocina.

Luego, antes de darse cuenta, se despertaron un día para ver que habían cambiado el aparato de hacer vino por una licuadora, la máquina de hacer pasta y la prensa de tortillas por una panificadora eléctrica y la batidora por un artefacto para germinar semillas que les ocupaba la mitad de la encimera de mármol.

¿Sencillo? No exactamente, y muestra lo que puede pasar cuando no se anda con cuidado.

Siete

TEMAS ESPECIALES PARA MUJERES

En la película *Tootsie*, Dustin Hoffman hace el papel de un actor que finge ser una actriz para conseguir trabajo. Acaba de llegar a casa tras ir de compras para adquirir todos los tocados, artilugios y complementos que necesitará en su papel de mujer: pelucas, rulos, maquillaje, barniz de uñas, bisutería, zapatos, bolso... Al ponerse la peluca y el maquillaje comenta a su compañero de piso que nunca se había dado cuenta de cuánto tiempo y energía tienen que gastar las mujeres para estar presentables. ¡Cuánta razón tenía!

No existen dudas: las mujeres en nuestra cultura tienen muchos gastos de mantenimiento. Decidí dar un repaso a fondo en la rutina que siempre he mantenido para estar presentable. Se me ocurrieron ideas específicas que pueden poner en práctica las mujeres para disminuir su mantenimiento y las he incluido en esta sección escrita exclusivamente para mujeres. Los hombres, en general, son de fácil mantenimiento.

90. DIEZ MINUTOS PARA PONERSE ASOMBROSAMENTE GUAPA

Siempre me ha asombrado cómo mi marido conseguía vestirse y estar totalmente preparado en menos de la mitad del tiempo que tardaba yo para el mismo acontecimiento. Cuando empezamos a simplificar nuestras vidas me propuse el objetivo personal de ponerme asombrosamente guapa en diez minutos o menos. (Ya domino lo de los diez minutos, aún estoy trabajando en lo de «asombrosamente».)

Comencé por mi peinado. La parte que más tarda en arreglarse la mayoría de las mujeres es el pelo. Nos han lavado el cerebro para que creamos que no sólo se ha de lavar, sino también poner suavizante, reflejos de color, espuma, colonia o gel, y que hay que secarlo, marcarlo, aumentar su volumen, alisarlo o rizarlo y luego ponerle laca antes de salir por la puerta.

Los hombres usan peinados que les posibilitan lavar el pelo, peinarlo y salir. Las mujeres también podemos hacerlo. Hace unos años, una peluquera me contó que cada mujer tiene por lo menos un peinado favorecedor, fácil de mantener, adecuado para su tipo de pelo y estructura facial. Tuve que hacer algunos experimentos, pero he encontrado un peinado fácil de mantener y que me sienta bien. Ahora, en lugar de los veinte o treinta minutos que tardaba antes, tengo el pelo limpio y listo para salir en cinco o seis minutos.

En segundo lugar, he cambiado mis hábitos de limpieza de la piel. Durante años fui incapaz de pasar por delante de una tienda de cosmética sin comprar provisiones de la última línea de tratamiento, uno para el día y otro para la noche, un limpiador, un hidratante, un exfoliante, un suavizante, un reductor de los poros y, finalmente, el revitalizador especial para mi piel sensible. Afortunadamente, hace poco me encontré náufraga en una isla desierta sin mi impresionante colección de productos para el cutis. Todo lo que tenía era una esponja, agua y una crema hidratante natural. Tras tres semanas con esta práctica, mi piel nunca había tenido mejor aspecto.

Ahora todo lo que uso es una sencilla esponja, agua y unas gotas de un hidratante ligero. No os puedo contar el alivio que supone contar con un sistema de cuidado facial simple y que, además, funciona. También me he librado de todos esos tarros de potingues medio usados que, durante años, han ocupado espacio en mis cajones y mis mesas. ¡No sé cuál de las dos cosas es mejor!

Otra cosa que se puede replantear es el uso del maquillaje. ¿Alguna vez ha visto una cara que haya mejorado con las toneladas de cosméticos y maquillaje que los fabricantes quieren que llevemos encima con el propósito de que no parezca que llevamos maquillaje? Pregunte a los hombres de su confianza. La mayoría le dirá que prefieren mujeres con un aspecto natural.

Mientras lo practica, asegúrese de incluir a sus hijas en su programa de aspecto natural. Imagínese los esfuerzos que le ahorrarán —y la autoestima positiva que podría crearles— si nunca llegan a dejarse atrapar por el mito de la belleza en un tarro.

Es posible que tenga que cambiar sus expectativas para lograr un fácil mantenimiento, pero, cuando lo haya hecho, se preguntará cómo podía mantener sus antiguos hábitos.

91. DESHÁGASE DE LOS TACONES ALTOS

Pocos de los dictados de la moda han sido tan universalmente limitadores y dañinos para las mujeres como los zapatos de tacón alto. Cualquier podólogo le dirá que las mujeres que llevan tacón alto sufren regularmente no sólo de juanetes y callos, sino también de muchos otros males que pueden devenir en trastornos graves, como problemas en las pantorrillas, en las rodillas y en la espalda. Y aún así las mujeres continúan llevando tacón, todo en nombre de la moda.

¿No es una suerte que las tendencias actuales dejen un poco de margen a la individualidad y que sea posible llevar cómodos zapatos de tacón medio o bajo y aún así estar a la última? Sí, es cierto que muchos hombres encuentran que los tacones altos son sexualmente atractivos (ésa es, después de todo, la razón por la cual sufrimos la tortura y la incomodidad de los tacones). Pero si realmente quiere simplificar su vida y aún lleva tacones altos porque los hombres de su entorno encuentran más atractivas a las mujeres que los llevan, quizás haya llegado el momento de sustituir a la gente que frecuenta.

Aparte de la incomodidad, guardar tacones altos en su armario aumenta la complejidad de su vestuario. Piense en lo sencillo que sería si todos los zapatos de su armario fueran de la misma altura. Ésta es una de las razones principales por la cual los vestuarios de los hombres son más sencillos que los de las mujeres. Pueden usar todo tipo de zapatos diferentes, con el mismo traje o pantalones, sin tener que preocuparse del largo de la pernera.

Tras haber desterrado los tacones altos durante un tiempo, pocas cosas le parecerán tan patéticas como una mujer caminando a pasos minúsculos por la calle. Y sabrá que si sus pies no le hacen daño en ese instante, pronto se lo harán.

92. QUÍTESE LAS UÑAS DE PLÁSTICO Y OLVÍDESE DEL PINTAUÑAS

Uno de los aspectos más complicados y que exigían más tiempo en la moda de las altas ejecutivas de los ochenta era el de las uñas postizas, bien barnizadas y de vivos colores. Cuando se para una a pensarlo, es difícil imaginar cualquier procedimiento cosmético al que podamos someternos que exija más tiempo, cueste más dinero, nos haga más daño, tanto por los vapores tóxicos que emana como por las posibilidades de coger hongos en las uñas, sin mencionar otros problemas, y dañe más el medio ambiente con menor beneficio que el de las uñas postizas y/o barnizadas.

Evidentemente, pasar varias horas a la semana rodeada de vapores tóxicos mientras te pegan, capa a capa, las uñas acrílicas a las puntas de los dedos, no es compatible con una vida sencilla. Gracias a la providencia, la imagen de vampiresa ha pasado de moda. Si usted, como yo y otras mujeres, se ha sometido a este procedimiento bárbaro, puede ser el momento indicado para empezar a desarrollar un aprecio por la sencilla belleza de las uñas cortas, pulcramente limadas y sin pintar.

93. DEJE DE LLEVAR UN BOLSO DEL TAMAÑO DE LA TORRE EIFFEL

Si quiere simplificar su aspecto, su bolso debería ser el artículo menos aparatoso que lleve encima; preferiblemente debería ser invisible. Si siente la necesidad de llevar un bolso, que sea pequeño y con una correa, para poder tener las manos libres. Un bolso del tamaño justo para que quepa la documentación, un poco de dinero y su pintalabios. ¿Qué más necesita para ir al trabajo o para salir una noche? Cualquier otro artículo que crea imprescindible se puede guardar en la guantera del coche y/o en un cajón de la oficina.

Claro que los pantalones, las camisas y las chaquetas de su sencillo vestuario (← consejo 22) tendrán bolsillos y podrá pasar, en la mayoría de los casos, con guardar un poco de dinero y posiblemente su pintalabios allí.

Si nunca ha experimentado la libertad de no tener que arrastrar consigo una bolsa enorme llena de artículos que no necesita y raramente usa, ahora es un buen momento para empezar.

94. REDUZCA LOS ACCESORIOS

Si hay un elemento que pueda establecer o estropear el estilo de una mujer, son los accesorios. Una vez más, para los hombres es fácil, sólo tienen que preocuparse por la corbata, tal vez un alfiler, el reloj, el maletín y los zapatos (los cuales, casi siempre del mismo color y altura, no son, en sentido estricto, un accesorio). Las mujeres tienen que elegir pendientes, collares, pulseras, broches, relojes, pañuelos, corbatas, cinturones, gafas, bolsos, un maletín, ocasionalmente un sombrero, medias y zapatos de todos los colores y alturas imaginables.

Dado que la variedad de accesorios es ilimitada y que la combinación apropiada de esos artículos es una forma de arte que pocas mujeres dominan, la mayoría tenemos un problema en conseguirlo, sobre todo cuando se trata de zapatos y bolsos. ¿Cuántas veces ha visto un traje maravillosamente combinado, estropeado por unos zapatos con la altura equivocada o un bolso fuera de tono? Los bolsos de Gucci, Louis Vuitton y otros diseñadores con sus «iniciales» son las peores ofensas. No le pegan a nada, excepto, posiblemente, al mal gusto.

La moda que ha aguantado la prueba del tiempo siempre ha sido la más clásica. Deshacerse del bolso y de los tacones altos hará mucho por simplificar su aspecto. Limitar sus joyas a un par de pendientes sencillos pero elegantes y eliminar la mayoría de los accesorios la hará aún más fácil.

OCHO

SIMPLICIDAD PURA Y DURA

95. MEJOR ALQUILAR QUE TENER

Durante los últimos cincuenta años nos han lavado el cerebro para que pensemos que tener nuestra propia casa es la única manera de vivir. En una reciente encuesta llevada a cabo por la National Association of Realtors (Asociación Nacional de Inmobiliarias), el 87 % de los encuestados dijo que tener su propia casa era el elemento más importante del *sueño americano*. La propiedad de la casa se valora más que un matrimonio feliz, un trabajo interesante, un sueldo alto o incluso una situación económica acomodada.

Considerando el alto coste de las casas en la actualidad, quizás haya llegado el momento de revisar esta filosofía.

Tenemos amigos que, como nosotros, han hecho, recientemente, cambios importantes en sus vidas. Vendieron su casa, se deshicieron de sus coches y de la mayoría de sus pertenencias, dejaron sus trabajos y pasaron dos años viajando por el mundo. Se llevaron lo que habían invertido en su hogar y lo utilizaron para generar ingresos que pudieran mantener su enormemente reducido estilo de vida.

Cuando regresaron de sus viajes, al principio, consideraron la posibilidad de comprar una casa más pequeña.

Pero decidieron que, en su lugar, alquilarían un piso. Ahora tienen un cómodo apartamento por mucho menos dinero del que les hubiera costado ser propietarios y disfrutan de la libertad de no poseer nada. En caso de que decidan irse de viaje, no quieren sentirse atrapados por un mercado lento y no poder vender cuando estén listos para irse.

Pero, para su sorpresa, la razón más importante para no ser propietarios de una casa es la libertad emocional y psicológica que les confiere. Al contrario de lo que habían creído todos esos años, la propiedad de la casa se había transformado en una carga en vez de ser una seguridad. Si su casa le está costando más tiempo, energía y dinero de lo que está dispuesto a pagar, considere la posibilidad del alquiler. Podría simplificar muchísimo su vida.

96. DESHÁGASE DE LOS COCHES

Tenemos unos amigos que viven en San Francisco. Hace varios años vendieron sus coches porque, sencillamente, exigían demasiado trabajo. En una ciudad como San Francisco, aparcar siempre es un problema, además de un gasto extraordinario. Y, en realidad, no necesitaban un coche y mucho menos dos. Viven lo bastante cerca de sus trabajos como para ir a pie. Les encanta el ejercicio físico y el aire fresco. También les encanta no tener que luchar contra el tráfico de la gran ciudad. En caso de necesidad o de mal tiempo, pueden tomar el autobús.

Ahora, en vez de correr por toda la ciudad, hacen todas sus compras a poca distancia de su casa. El dinero que se ahorran en matriculación, gasolina, aparcamiento, seguros, impuestos y mantenimiento lo pueden utilizar para alquilar un coche si quieren irse fuera el fin de semana o, si lo necesitan, para otro propósito de corta duración. Tras años de depender psicológicamente de los coches, sienten una tremenda libertad al no tener que preocuparse por los problemas que conlleva un automóvil de propiedad. Ahora que no disfrutan de la «comodidad» de tener un coche, gastan mucho menos tiempo en atascos y trayectos innecesarios y pueden pasar más tiempo haciendo las cosas que realmente quieren hacer.

Evidentemente, si vive en las afueras y trabaja en la ciudad y los transportes públicos son poco fiables o inexistentes, dejar su coche no tendría mucho sentido. Pero si puede volver a organizarse para no necesitar uno, será un paso importante para simplificar su vida.

97. DESHÁGASE DEL TELÉFONO

Cuando era adolescente, me encantaba el teléfono; su sonido siempre me producía ilusión. Como adulto, considero el teléfono como una molestia necesaria. Sin embargo, ahora que he desarrollado la habilidad de no descolgar el teléfono y usar el contestador automático para saber quién llama, tener un teléfono en la casa se hace soportable. Pero tengo una amiga que llegó a considerarlo como una importante intrusión en su vida. Lo desconectó del todo hace unos años y dice que no lo querría por nada del mundo.

Trabaja en ventas y, por lo tanto, pasa la mayor parte del día hablando por teléfono. Lo último que quiere hacer en su casa, por la noche o durante el fin de semana, es pasar más tiempo pegada al teléfono. Puede hacer y recibir las llamadas de índole personal durante el día, y su familia sabe que si quieren hablar con ella tienen que llamarla al despacho (ayuda tener un negocio propio o un jefe tolerante).

Evidentemente, esta técnica no funcionaría con cualquiera. Si tiene hijos o padres mayores que puedan necesitar llamarle sin previo aviso, desconectar el teléfono podría crear más problemas de los que soluciona. Pero piense en ello. Si su estilo de vida le permite vivir sin teléfono en casa y crear así un oasis de paz y tranquilidad, deshacerse de él podría simplificarle la vida enormemente.

98. DEJE DE HACER LA CAMA

Si está lo suficientemente bien para levantarse de ella, está lo suficientemente bien para acostarse en ella.

TÍA MYRNA, 1953

Si una cama sin hacer le parece bien a Ralph Lauren, a mí me parece bien también.

LA AUTORA, 1993

No hay duda de que los cuidados de la casa son menos estrictos que hace cuarenta años. Fíjese en los anuncios de sábanas. Hace unos años, el diseñador Ralph Lauren comenzó a hacer extremadamente atractivas las camas sin hacer, con todas las sábanas, los volantes, las almohadas, los edredones, las colchas y los cubrecamas que abundan en la confusión de camas sin hacer de sus anuncios. En la casa de *Leave it to Beaver,* popular serie norteamericana que era el concepto de la casa perfecta de los años cincuenta, a la señora Cleaver —y seguramente tanto a su madre como a la mía— jamás le habría pasado por la imaginación dejar las camas sin hacer. Y la filosofía de la tía Myrna era considerada, por lo menos en nuestra familia, como algo rayano en la herejía.

Pero ahora, afortunadamente, los tiempos han cambiado. ¿A quién le importa si la cama no está hecha? ¿Y quién lo va a ver? Una buena amiga, que es una ferviente seguidora de la cama sin hacer, tiene lo que considero una maravillosa respuesta a cualquier comentario sobre el desorden de su cama: «Oh, es que estamos aireando las sábanas».

He adoptado esta filosofía completamente. Es más sencillo y ahora, cuando me levanto por la mañana y sé que no tengo que pasarme diez minutos haciendo la cama, me hace sentir como si estuviera haciendo novillos. Es un placer que me acompaña a lo largo del día. Y además, ¿por qué gastarse tanto dinero en comprar sábanas de un tío llamado Ralph, para luego cubrirlas?

99. DESHÁGASE DE TODO LO INNECESARIO

Cuando comencé a ir a la universidad, tiré todas mis limas de esmeril y, en un ataque de extravagancia para mi presupuesto estudiantil, decidí tirar la casa por la ventana y comprar una lima de acero inoxidable garantizada de por vida.

Le tenía cariño a esa lima. La llevé arriba y abajo por todo el país y varios continentes durante quince años.

Cuando empecé a tener unos ingresos discretos, me gasté más dinero y compré media docena más de limas de acero inoxidable. Quería tener una en mi bolso, otra en el escritorio, otra en la guantera, otra en la mesilla de noche, etcétera.

Pero entonces me pasó una cosa curiosa cuando sólo tenía una lima, siempre sabía dónde estaba; a partir del momento en que tuve varias, nunca pude encontrar una lima cuando me hacía falta. He descubierto que el mismo fenómeno se puede aplicar a muchas cosas.

Por ejemplo, una persona que tenga un solo reloj sabe la hora, pero una persona con dos relojes nunca está completamente segura. Y lo que es peor, se ha convertido en un coleccionista. Ahora, no sólo tiene que encargarse de mantener y cuidar la colección, sino que también tiene que saber la localización de cada artículo en cada momento.

Tener recambios de las cosas en seguida se vuelve muy complicado. Hace ya tiempo que me deshice de las limas de recambio y, más recientemente, me he deshecho de gafas, gafas de sol, bolígrafos, paraguas, navajas de bolsillo, martillos y todo tipo de herramientas especializadas, hasta de los ordenadores innecesarios. Ha hecho que mi vida sea mucho más sencilla.

100. CONFECCIÓNESE UN VESTUARIO MUY SENCILLO

Si se toma muy en serio la simplicidad, aquí tiene otra opción relacionada con la moda que le puede interesar.

Se dice de un rico financiero de Wall Street que ha desarrollado el vestuario más sencillo de todos; tiene una media docena de copias de un traje de tres piezas, exquisitamente confeccionado, un par de camisas blancas idénticas y corbatas de seda y dos pares de zapatos negros. Eso es todo. Año tras año es todo lo que lleva. Su explicación es que tiene suficientes decisiones que tomar cada día como para tener que preocuparse, también, por su vestuario.

Piénselo. Esta idea, o su propia variación, podría simplificar su vida enormemente.

Nos encantaría oír su historia favorita sobre la simplicidad o sobre cualquier decisión que haya tomado para simplificar su vida. Por favor escriban a:

Elaine St. James
c/o Hyperion
114 Fifth Avenue
New York, NY 10011